_i libri dello **BIBLI**

collana diret

Dio si è fatto uom
L'imprevedibile è ... un avvenimento
reale: Dio si è fatto compagno agli uomini,
così che la vita possa non essere vana.
Nell'incontro con questo fatto storico
la ragione, la volontà e l'affettività umane
sono provocate a realizzarsi, a compiersi
secondo tutta l'ampiezza del loro desiderio di
giustizia, di bontà e di felicità. Lo spirito
cristiano è l'umanità di persone stupite e
commosse da questo avvenimento.
Questi testi ne sono una documentazione
particolare, specie dove le parole scavano nei
fatti e nei cuori con tutta l'energia della
grande arte.

Si tratta di romanzi, saggi e testi di poesia non
facilmente reperibili e che hanno comunque
lasciato segno in chi li ha accostati. Perché in
essi si mostra, con varia genialità e secondo
diverse prospettive storiche e psicologiche,
uno spirito cristiano impegnato a scoprire e a
verificare la ragionevolezza della fede dentro
le circostanze della vita. Un'umanità, cioè, che
realizza la sua passione per l'esistenza e la sua
adesione al dramma della vita con un
realismo e una profondità altrimenti impossibili.

Luigi Giussani

Le mie letture

Biblioteca Universale Rizzoli

Proprietà letteraria riservata
© 1996 R.C.S. Libri & Grandi Opere S.p.A., Milano

ISBN 88-17-11134-1

prima edizione: maggio 1996

NOTA DI EDIZIONE

Sono qui riuniti alcuni dei testi di «letture» svolte da monsignor Luigi Giussani su autori a lui cari, taluni frequentati fin dalla prima giovinezza, altri scoperti più di recente.

Si tratta di letture «occasionali», nel senso che ognuna di esse si è svolta in un preciso contesto, il più delle volte in momenti di conversazione con i giovani, e di tale contesto mantiene non solo l'impronta nella forma parlata – pur riveduta e corretta dall'Autore – ma anche il carattere di esemplificazione e di suggerimento rispetto ai temi e agli approfondimenti più generalmente affrontati nelle rispettive occasioni. Così, autori come Leopardi o i film di Dreyer sono chiamati a far riflettere sui temi normalmente affrontati in un percorso educativo nella fede: la ragione, la libertà, la morale, l'amore, il senso del dolore, la coscienza della Chiesa nel mondo moderno, il dono di sé.

Tutto ciò conferisce a queste letture una singolare vivezza. Tanto che da esse migliaia di giovani sono stati mossi alla riscoperta del valore della lettura e della letteratura, come occasione di paragone e di giudizio sull'esperienza della vita.

Se dunque non ci troviamo dinanzi a un contributo eminentemente di critica letteraria e nemmeno a un panorama di autori organicamente concepito – come, del resto, l'Autore ripete spesso –, nondimeno ci troviamo di fronte a un esempio di come una coscienza religiosa si ponga a confronto con le parole piene di arte e di genio della migliore letteratura e, attraverso di essa, con le questioni più acute della coscienza umana.

Risulta così un appassionante (e per certi versi sorprendente) percorso culturale in cui ad ogni passo emerge, potente, un'indomita passione per l'umano, con la quale ognuno, letterato o no, è invitato a paragonarsi.

L'Appendice presenta il commento di monsignor Giussani a tre film, quasi ad esempio di come una posizione di fede possa paragonarsi con qualsiasi forma espressiva e artistica.

Nota di lettura

Trovandosi dinanzi alla dizione «Scuola di comunità», il lettore intenda la forma di catechesi – lettura e meditazione personale di testi e incontri comunitari – che seguono gli aderenti al movimento di Comunione e Liberazione.

I «Memores Domini» sono i membri di un'Associazione ecclesiale, nata nel movimento di Comunione e Liberazione, che vivono un'esperienza di dedizione totale a Cristo.

LE MIE LETTURE

1.

GIACOMO LEOPARDI
AL CULMINE DEL SUO GENIO PROFETICO[1]

Avendo io, nella mia tenera età, "incontrato" Giacomo Leopardi e avendo studiato a memoria tutti i suoi *Canti*, e da allora, credo, non passando mai giorno della mia vita senza citarmi qualche brano delle sue poesie, ed essendo tutto ciò noto agli amici, essi hanno premuto perché io venissi qui oggi a raccontare non un'indagine esauriente dal punto di vista letterario, storico o esegetico della sua opera, ma semplicemente la testimonianza di quello che la poesia di Leopardi ha suscitato e suscita nel mio animo, di uomo e di credente. Questo, perciò, è il limite della mia offerta, che dunque vuole esprimersi come un gesto familiare e amichevole.

Per descrivere quello che la poesia di Leopardi suscita, da tanti anni, quotidianamente in me, non posso non partire dalla scoperta che a un certo punto ne ho fatto, dalla quale proviene il mio grande amore per lui. Come ho detto, ho studiato Leopardi quando avevo dodici-tredici anni; essendone stato allora molto ferito, in certi mesi leggevo solo sue poesie, col capo reclinato, e non studiavo altro. In prima liceo, quando avevo quindici anni, ho scoperto che la *negazione* in Leopardi, quella negazione che mi aveva così psicologicamente ferito prima, era posticcia, era come un manifesto incollato a viva forza e male su un grido così umanamente vero che del grido umano non poteva non testimoniare la promessa strutturale. Ho compreso allora – e ne sono sempre stato confermato fino ad oggi – che la

[1] Lettura tenuta agli universitari del Politecnico di Milano nel 1985. I testi di Leopardi sono tratti dall'antologia *Cara beltà...*, BUR, Milano 1996.

negazione, la risposta negativa ai problemi ultimi della vita che strutturava il sensismo – la filosofia a cui Leopardi si era legato perché dominava il mondo culturale di allora – non era parola di Leopardi, ma era un vestito sopraggiunto a un cuore così autenticamente umano che non poteva non riaffermare la positività del destino. È, infatti, così forte il grido dell'esigenza che costituisce il cuore dell'uomo, è così forte e potente e bello che, come per natura, non ci si può non sentire trascinati e dire: "Già, è vero", cioè non ci si può non mettere almeno in tensione di attesa per quel che deve venire come possibile risposta positiva.

Vorrei partire, appoggiando la mia reazione sui testi del poeta e sulle sue tematiche, dal primo fattore dell'antropologia leopardiana, ovvero dal primo fattore della modalità con cui l'uomo osserva se stesso vivere: quello che egli chiama «la sublimità del sentire». La formula indica la densità di emozione, di struggimento e di timore enigmatico, causata dalla sproporzione tra l'uomo e la realtà; una sproporzione tragica perché, da una parte, alla grandezza dell'uomo la realtà sembra cinicamente obiettare un limite che dissolve quella grandezza; dall'altra parte, alla vastità del creato, all'imponenza della realtà, corrisponde invece la minuta piccolezza, l'effimera banalità dell'uomo. La sublimità del sentire è dunque generata dalla constatata sproporzione tra l'io e la realtà, nel duplice senso detto.

Forse, l'inno leopardiano che meglio, e anche più plasticamente, dice di questa sproporzione che desta nell'uomo una statura di sentimento che supera la banale quotidianità dei suoi sentimenti, è *Sopra il ritratto di una bella donna scolpito nel monumento sepolcrale della medesima*. Qui Leopardi sottolinea, dice, grida, comunica in modo così potente l'interrogativo che costituisce il contenuto di questa sproporzione, o meglio, di questa sublimità del sentire, che tutta la negatività sensistica appare, come prima dicevo, appiccicaticcia e cerebrale. Essa, infatti, lascia indenne il suo modo di esplicitare questa sproporzione e questa sublimità del sentire dell'animo, non spegne quell'interrogativo che ci fa alzare ogni mattina come «spron [che] quasi mi punge / sì che, sedendo, più che mai son lunge / da trovar pace o loco» (da *Canto notturno di un pastore errante dell'Asia,* vv 119-121).

Voglio, dunque, leggervi questa che è tra le sue più belle poesie:

> *Tal fosti* [così bella sei stata]: *or qui sotterra*
> *polve e scheletro sei. Su l'ossa e il fango*
> *immobilmente collocato invano,*
> *muto, mirando dell'etadi il volo,*
> *sta, di memoria solo*
> *e di dolor custode, il simulacro*
> *della scorsa beltà. Quel dolce sguardo,*
> *che tremar fe', se, come or sembra, immoto*
> *in altrui s'affisò; quel labbro, ond'alto*
> *par, come d'urna piena,*
> *traboccare il piacer; quel collo, cinto*
> *già di desio; quell'amorosa mano,*
> *che spesso, ove fu porta,*
> *sentì gelida far la man che strinse;*
> *e il seno, onde la gente*
> *visibilmente di pallor si tinse,*
> *furo alcun tempo: or fango*
> *ed ossa sei: la vista*
> *vituperosa e trista un sasso asconde.*
>
> *Così riduce il fato*
> *qual sembianza fra noi parve più viva*
> *immagine del ciel. Misterio eterno*
> *dell'esser nostro.*

[ecco la sublimità del sentire, che scaturisce dalla sproporzione]

Oggi d'eccelsi, immensi
pensieri e sensi inenarrabil fonte,
beltà grandeggia, e pare,
quale splendor vibrato
da natura immortal su queste arene,
di sovrumani fati,
di fortunati regni e d'aurei mondi
segno e sicura spene
dare al mortale stato:
diman, per lieve forza,
sozzo a vedere, abominoso, abbietto
divien quel che fu dianzi
quasi angelico aspetto,
e dalle menti insieme
quel che da lui moveva
ammirabil concetto, si dilegua.

[«ammirabil concetto»: immagine dell'essere, della vita. Ecco la strofa della sproporzione. Ma la più bella è quella che viene dopo, che per me è la più bella strofa della letteratura italiana:]

Desiderii infiniti
e visioni altere
crea nel vago pensiere,
per natural virtù, dotto concento;

[«dotto concento»: una bellezza complessa, costituita da tanti fattori; la bellezza, «dotto concento», crea nel «vago pensiere», in un pensiero che è vago, i «desiderii infiniti». Ciò richiama all'Ulisse dantesco, come indica l'immagine successiva: «vago», come dire pellegrinante, ricercatore:]

onde per mar delizioso, arcano
erra lo spirto umano,
quasi come a diporto
ardito notator per l'Oceano:

[ecco l'Ulisse]

> *ma se un discorde accento*
> *fere l'orecchio, in nulla*
> *torna quel paradiso in un momento.*

> *Natura umana, or come,*
> *se frale in tutto e vile,*

[se fragile totalmente, se sei totalmente e soltanto ignobi-
le]

> *se polve ed ombra sei, tant'alto senti?*
> *Se in parte anco gentile,*

[cioè se anche in qualche parte nobile]

> *come i più degni tuoi moti e pensieri*
> *son così di leggeri*
> *da sì basse cagioni e desti e spenti?*

Si tratta, dunque, dell'esperienza di sproporzione tra fattori che ci costituiscono. La realtà, infatti, è un fattore che ci
costituisce, così come il nostro animo, che è grande come
sorgente di emozione, e pur è così fragile di fronte all'im-
perterrito andare delle cose. La verità di Leopardi non
può essere una negazione, ma è in quel «Misterio eterno /
dell'esser nostro», nella domanda finale rivolta alla natura
umana: «or come, / se frale in tutto e vile, / se polve ed
ombra sei, tant'alto senti?».

Si tratta, in definitiva, di quel che io chiamo *il gioco della penombra*.

Se tu volti le spalle alla luce, guardando la penombra dici: "introduce all'oscurità totale", cioè l'ultima parola è
l'oscurità totale; ma se tu volti le spalle all'oscuro, dici: "è
il vestibolo della luce", cioè l'ultima parola è la luce. Delle
due posizioni, quella più adeguata, come ipotesi, al fenomeno è la seconda, in quanto la prima non spiega neanche la possibilità della penombra. L'ombra non spiega la
penombra. È questo il vero messaggio che, a mio avviso,
Leopardi porta sull'esperienza dell'uomo.

Il genio, infatti, è sempre profeta, è così inesorabilmente espressore di ciò a cui l'uomo è destinato che il suo grido non può che confermare l'attesa per cui l'uomo è fatto.

Certo, ognuno di noi conosce il «Vecchierel bianco, infermo, / mezzo vestito e scalzo, / con gravissimo fascio in su le spalle» (*Canto notturno*..., vv 21-23) che va a finire dove va a finire, nel nulla: «Abisso orrido, immenso, / ov'ei precipitando, il tutto obblia» (vv 35-36). Ma, vedremo dopo, l'uomo non riesce a fermarsi lì; subito il velivolo umano risale: «Pur tu, solinga, eterna peregrina, / che sì pensosa sei, tu forse intendi» (vv 61-62), e, subito dopo alcune righe: «E tu certo comprendi» (v 69). Si tratta dello stesso potente e aperto interrogativo posto alla fine della bellissima poesia che abbiamo letto: «Come i più degni tuoi moti e pensieri / son così di leggeri / da sì basse cagioni e desti e spenti?» (*Sopra il ritratto*..., vv 54-56).

E ognuno di noi forse ricorda – perché è una delle poesie che almeno una volta si studiavano più facilmente oltre a *Il sabato del villaggio, La quiete dopo la tempesta* e a *A Silvia* – *La sera del dì di festa*, quando il poeta va al ritrovo serale perché vuole ottenere l'attenzione della donna in quel momento amata, la quale non lo degna d'un guardo, e allora se ne ritorna a casa disperato:

> [...] *e qui per terra*
> *mi getto, e grido, e fremo. Oh giorni orrendi*
> *in così verde etate!*

[e poi improvvisamente:]

> *Ahi, per la via*
> *odo non lunge il solitario canto*
> *dell'artigian, che riede a tarda notte,*
> *dopo i sollazzi, al suo povero ostello;*
> *e fieramente mi si stringe il core,*
> *a pensar come tutto al mondo passa,*
> *e quasi orma non lascia. Ecco è fuggito*

il dì festivo, ed al festivo il giorno
volgar succede, e se ne porta il tempo
ogni umano accidente. Or dov'è il suono
di que' popoli antichi? or dov'è il grido
de' nostri avi famosi, e il grande impero
di quella Roma, e l'armi, e il fragorio
che n'andò per la terra e l'oceano?
Tutto è pace e silenzio, e tutto posa
il mondo, e più di lor non si ragiona.
Nella mia prima età, quando s'aspetta
bramosamente il dì festivo, or poscia
ch'egli era spento, io doloroso, in veglia,
premea le piume; ed alla tarda notte
un canto che s'udia per li sentieri
lontanando morire a poco a poco,
già similmente mi stringeva il core.

La grande realtà umana che s'annulla nel tempo, la coscienza d'esser il piccolo punto che esalta, così a dismisura, il sentire dell'uomo, la sublimità del sentire, costituiscono dunque il primo fattore della concezione e del sentimento della propria umanità che Leopardi esprime.

Ma già nelle poesie citate sta anche il secondo fattore di tale sentimento dell'umano: potrei usare la parola *sogno*, ma uso la parola *esaltazione*. È un fattore connesso col primo. Infatti, la sproporzione che l'uomo vive tra sé e la realtà, questo sentimento tragico, sublime-tragico, che la sproporzione desta, agisce riconoscendo nella realtà come una sollecitazione al "sogno umano".

Perché nasce questo sentimento tragico? Perché la realtà, dice Leopardi, fa sognare l'uomo, lo esalta, nel senso latino della parola, prende l'uomo e lo estrae in tutta la sua statura. A contatto con la realtà, l'uomo, che è come accovacciato e dormiente, si tira su, si innalza secondo tutta la sua statura. La realtà esalta l'anima dell'uomo, e dà, in tale esaltazione, un "respiro sognante", che è l'anima della vita: infatti, ciò che fa vivere, nonostante la sproporzione sofferta e la tragicità del sentimento, è questo respiro sognante a cui la realtà esalta l'anima dell'uomo.

La sproporzione diventa, in questa evocazione della vita come sogno, sorgente di meditazioni vaste, a cui il genio di Leopardi sa dare spazi di immagini e di parole e di musicalità che non hanno paragone in tutta la letteratura italiana. Credo che l'inno più tipico sia: *Canto notturno di un pastore errante dell'Asia*; un respiro sognante, dicevo, che esala dalla stessa negazione. Infatti, dopo aver descritto il vecchierello che col grave fascio sulle spalle,

> *per montagna e per valle,*
> *per sassi acuti, ed alta rena, e fratte,*
> *al vento, alla tempesta, e quando avvampa*
> *l'ora, e quando poi gela,*
> *corre via, corre, anela,*
> *varca torrenti e stagni,*
> *cade, risorge, e più e più s'affretta,*
> *senza posa o ristoro,*
> *lacero, sanguinoso; infin ch'arriva*
> *colà dove la via*
> *e dove il tanto affaticar fu volto:*
> *abisso orrido, immenso,*
> *ov'ei precipitando, il tutto obblia.*
> *Vergine luna, tale*
> *è la vita mortale.*

[Leopardi mette in luce l'esaltazione che immediatamente ne consegue:]

> *Pur tu, solinga, eterna peregrina,*
> [peregrina del cielo]
> *che sì pensosa sei, tu forse intendi,*
> *questo viver terreno,*

il patir nostro, il sospirar, che sia;
che sia questo morir, questo supremo
scolorar del sembiante,
e perir dalla terra, e venir meno
ad ogni usata, amante compagnia.
E tu certo comprendi
il perché delle cose, e vedi il frutto
del mattin, della sera,
del tacito, infinito andar del tempo.
Tu sai, tu certo, a qual suo dolce amore
rida la primavera,
a chi giovi l'ardore, e che procacci
il verno co' suoi ghiacci.
Mille cose sai tu, mille discopri,
che son celate al semplice pastore.
Spesso quand'io ti miro
star così muta in sul deserto piano,
che, in suo giro lontano, al ciel confina;
ovver con la mia greggia
seguirmi viaggiando a mano a mano;
e quando miro in cielo arder le stelle;
dico fra me pensando:
a che tante facelle?
che fa l'aria infinita, e quel profondo
infinito seren? che vuol dir questa
solitudine immensa? ed io che sono?

È un'esaltazione nel sentimento di sé, che rende la vita dell'uomo dominata da una tensione ultima, dalla tensione a una risposta ultima, a un ultimo risolutivo. È «il pensiero dominante», che può prendere, ovviamente, identità nella donna di cui è innamorato, o nella contemplazione della natura, o nel pensare «al volo delle etadi», al volo del tempo e della storia, e che acquista in ogni uomo un'immagine definita che è proprio l'immagine che lo fa vivere.

Anche senza accorgersene, uno ha dentro di sé un'immagine che lo fa vivere.

> Dolcissimo, possente
> dominator di mia profonda mente;
> terribile, ma caro
> dono del ciel; consorte
> ai lugubri miei giorni,
> pensier che innanzi a me sì spesso torni.
>
> Di tua natura arcana
> chi non favella? il suo poter fra noi
> chi non sentì? Pur sempre
> che in dir gli effetti suoi
> le umane lingue il sentir proprio sprona,
> par novo ad ascoltar ciò ch'ei ragiona.

[questa immagine in cui uno colloca la risposta alla sua attesa, cosciente o incosciente che sia, è come una sorgente sempre nuova, essendo «dominator di mia profonda mente»]

> Come solinga è fatta
> la mente mia d'allora
> che tu quivi prendesti a far dimora!
> Ratto d'intorno intorno al par del lampo
> gli altri pensieri miei
> tutti si dileguàr. Siccome torre
> in solitario campo,
> tu stai solo, gigante, in mezzo a lei. [...]
>   (da Il pensiero dominante, vv 1-20)

Per ogni uomo c'è questa identificazione della felicità o del destino, del *ciò per cui vale la pena vivere*. Così si vive ed esiste.

La tensione di Leopardi è, dal punto di vista estetico, il contrario di quella di Jacopone da Todi; Jacopone ha il suo vertice nell'inizio, la sua arsi musicale più acuta all'inizio, mentre Leopardi l'ha sempre alla fine, come nel *Canto notturno di un pastore errante dell'Asia*:

> *Forse s'avess'io l'ale*
> *da volar su le nubi,*
> *e noverar le stelle ad una ad una,*
> *o come il tuono errar di giogo in giogo,*
> *più felice sarei, dolce mia greggia,*
> *più felice sarei, candida luna.*

[forse, si chiede il poeta, se io fossi più evoluto, sarei più felice. Ma dopo centocinquant'anni dalla sua morte, noi osserviamo l'uomo che «erra di giogo in giogo», come tuono, con i jet, e «novera le stelle ad una ad una» sopra le nubi, coi missili, e si può forse dire che è un briciolo più felice? No!]

> *O forse erra dal vero,*
> *mirando all'altrui sorte, il mio pensiero:*
> *forse in qual forma, in quale*
> *stato che sia, dentro covile o cuna,*
> *è funesto a chi nasce il dì natale.*

Questo finale è una caduta che non è redenta dal «forse»: esso indica l'improvvisa caduta.

Questo sogno e questa esaltazione sono, dunque, realmente un sogno, nonostante certi momenti in cui riappare l'immagine nella quale coscientemente o incoscientemente l'uomo ripone l'identità di ciò che attende e di ciò che spera, destando un'esperienza di felicità e di gioia immensa. Come si dice ancora ne *Il pensiero dominante* (vv 100-111):

> [...] *Che mondo mai, che nova*
> *immensità, che paradiso è quello*
> *là dove spesso il tuo stupendo incanto*
> *parmi innalzar! dov'io,*
> *sott'altra luce che l'usata errando,*

> il mio terreno stato
> e tutto quanto il ver pongo in obblio!
> Tali son, credo, i sogni
> degl'immortali.

[ci sono momenti in cui l'uomo sembra un dio]

> Ahi finalmente un sogno
> in molta parte onde s'abbella il vero
> sei tu, dolce pensiero;

[un sogno per abbellire la crudità del vero, cioè della realtà]

> sogno e palese error. [...]

«Ahi finalmente un sogno.» Dunque, tutto quello che di attraente e di esaltante nello scontro io-realtà sorge ha l'inconsistenza del sogno, e allora veramente il contenuto della coscienza di vita che ha l'uomo è, come Leopardi la chiama, la *rimembranza acerba*. Questo è il terzo fattore che voglio sottolineare. Si tratta di un dolore che richiama, in fondo, un antico brano di un poeta pagano: proprio nel centro, nel cuore della sorgente del piacere, scaturisce qualcosa di amaro, una vena d'amaro, che stringa, o che strugga, che strugga il cuore della stessa gioia, nei momenti della gioia, anche nei momenti della gioia[2].

Come Leopardi scrive ne *Le ricordanze* (vv 170-174), anche nelle esperienze nuove e più appassionanti c'è questa acerba rimembranza:

> [...] *e fia compagna*
> *d'ogni mio vago immaginar, di tutti*
> *i miei teneri sensi, i tristi e cari*
> *moti del cor, la rimembranza acerba.*

---

[2] Cfr. Lucrezio, *De rerum natura*, vv 1133-1134 («...quoniam medio de fonte leporum surgit aliquid quod in ipsis floribus angat.»).

Non si dà coscienza umana se non ha dentro questa rimembranza acerba.

L'inno più bello, documentativo di quello che Leopardi significa con queste parole, è proprio *Le ricordanze*. Non lo leggo, ma voglio sottolinearne un particolare circa il contenuto normale della coscienza dell'uomo. Leopardi dice che il termine di paragone continuo dell'uomo è la sua giovinezza. In qualunque età, in qualunque momento, l'uomo, senza accorgersene, fa il paragone con la sua giovinezza; è nella giovinezza che tutto sembra un sogno. Nella giovinezza, «dell'arida vita unico fiore», sta il momento più illusivo, ma nello stesso tempo più corrispondente al desiderio e all'attesa che ha l'uomo.

A questo proposito, ne *La vita solitaria* Leopardi ha qualche pagina di rilievo (vv 39-55):

> [...] *Amore, amore, assai lungi volasti*
> *dal petto mio, che fu sì caldo un giorno,*
> *anzi rovente. Con sua fredda mano*
> *lo stringe la sciaura, e in ghiaccio è volto*
> *nel fior degli anni. Mi sovvien del tempo*
> *che mi scendesti in seno. Era quel dolce*
> *e irrevocabil tempo, allor che s'apre*
> *al guardo giovanil questa infelice*
> *scena del mondo, e gli sorride in vista*
> *di paradiso. Al garzoncello il core*
> *di vergine speranza e di desio*
> *balza nel petto; e già s'accinge all'opra*
> *di questa vita come a danza o gioco*
> *il misero mortal. Ma non sì tosto,*
> *amor, di te m'accorsi, e il viver mio*
> *fortuna avea già rotto, ed a questi occhi*
> *non altro convenia che il pianger sempre.* [...]

Questa nota d'acerba rimembranza fa emergere, per così dire, la configurazione morale e sociale dell'immagine che

Leopardi ha della vita dell'uomo, vale a dire il mondo come ingiustizia: «gl'iniqui petti e gl'innocenti a paro / in freddo orror [la vita] dissolve» (da *Alla primavera o delle favole antiche*, vv 84-85), i petti iniqui o innocenti la vita li prova allo stesso modo. Così come dice nell'inno *Alla primavera* o, più gravemente, in *Bruto minore* («dunque degli empi / siedi, Giove, a tutela?»), ove sembra che la forza della realtà sia a tutela degli empi.

Ma la parola più sconsolante è quella che egli dice ancora in *Bruto minore*: «né scolorò le stelle umana cura». Qualsiasi dolore umano non scolora le stelle: quel sentimento di indissolubilità della natura che si potrebbe afferrare come simbolo o estremo richiamo positivo, qui è affermato come suprema accusa al cinismo della natura. *E le stelle stanno a guardare* di A. Joseph Cronin contiene la stessa accusa. Così è anche in uno dei più significativi *Primi poemetti* di Pascoli, *Il libro*. Sempre la natura, laddove il genio non mantiene desta la dimensione religiosa, fa da quinta imperterrita di fronte al dolore e alla tragedia dell'uomo, mentre, laddove l'artista o il poeta ha vivo un tratto religioso, la natura diventa parte del *pathos* umano, parte della tragedia o della gioia dell'uomo. Infatti, la struttura poetica più compiuta e più vissuta, che è la Liturgia della Chiesa cattolica, indica profondamente l'unità fra il dolore e la gioia, l'attesa e la delusione dell'uomo, il peccato e il bene, il male e il bene, con la natura e i suoi ritmi.

Proprio per questa ingiustizia che il potere della realtà realizza nei confronti dell'uomo, innocente o no, il mondo risulta normalmente ripugnante: «questa età superba», dice Leopardi della propria epoca ne *Il pensiero dominante* (vv 60-64):

> [...]
> *che di vote speranze si nutrica,*
> [si nutre di speranze vuote]

> *vaga di ciance, e di virtù nemica;*
> *stolta, che l'util chiede,*
> *e inutile la vita*
> *quindi più sempre divenir non vede;* [...]

È una descrizione che può andare benissimo anche per la nostra cara epoca: «Di questa età superba, / che di vote speranze si nutrica», le ideologie, «vaga di ciance», tutti parlano, «e di virtù nemica; / stolta, che l'util chiede», l'utile come unico criterio del nostro mondo, «e inutile la vita / quindi più sempre divenir non vede».

Eppure, se oggi ho accettato di parlare, è per compiere insieme a Leopardi altri due passi oltre il "no", oltre la negazione.

Il primo passo è ben evidente nell'inno ad *Aspasia*, che è rivolto a una delle tante donne di cui si è innamorato:

> [...]
> *Raggio divino al mio pensiero apparve,*
> *donna, la tua beltà. Simile effetto*
> *fan la bellezza e i musicali accordi,*
> *ch'alto mistero d'ignorati Elisi*
> *paion sovente rivelar.*

[la tua bellezza, o donna, mi richiama qualcosa di "oltre", «Raggio divino», così come la musica, che sembra custodire un «mistero d'ignorati Elisi». Un mistero di felicità, qualcosa d'oltre, di più felice: la bellezza della donna richiama a tutto ciò]

> *Vagheggia*
> *il piagato mortal quindi la figlia*
> *della sua mente, l'amorosa idea,*
> *che gran parte d'Olimpo in sé racchiude,* [...]

[l'uomo, allora, «vagheggia», s'innamora di questa immagine che sta dietro la figura della donna, s'innamora di questa sorgente di emozione che pesca oltre il viso della donna, come oltre l'apparato della musica. «Vagheggia / il piagato mortal quindi la figlia / della sua mente»: della sua mente, perché questa emozione, o questo richiamo, avviene dentro la coscienza]

> Vagheggia
> il piagato mortal quindi la figlia
> della sua mente, l'amorosa idea,
> che gran parte d'Olimpo [la felicità] in sé racchiude,
> tutta al volto ai costumi alla favella
> pari alla donna che il rapito amante
> vagheggiare ed amar confuso estima.

[l'uomo crede di amare e di vagheggiare, confondendo la donna che ha davanti con quell'altra cosa, che però è proprio quella precisa donna a suscitargli]

> Or questa egli non già, ma quella, ancora
> nei corporali amplessi, inchina ed ama.

[non la donna che ha davanti, ma ciò che lei gli richiama]

> Alfin l'errore e gli scambiati oggetti
> conoscendo, s'adira;

[a un certo punto, la donna si rivela ìmpari a sostenere il paragone con l'immagine che ha suscitato, e allora l'uomo «s'adira», cioè si spompa]

> e spesso incolpa
> la donna a torto. A quella eccelsa imago

[a quella immagine che lei stessa desta]

> sorge di rado il femminile ingegno;
> e ciò che inspira ai generosi amanti
> la sua stessa beltà, donna non pensa,
> né comprender potria. Non cape in quelle
> anguste fronti ugual concetto. [...]

Leopardi, nell'inno ad *Aspasia*, afferma che c'è dunque *qualcosa d'altro* che lo richiama e che ad esso presta il suo omaggio l'uomo. Infatti, «Alfin l'errore e gli scambiati oggetti / conoscendo, s'adira»: l'uomo si accorge che la donna che ha innanzi è sproporzionata all'immagine che la donna stessa gli ha destato. Il suo entusiasmo era per quello che gli era stato destato dentro.

Ma se il limite delle cose, il limite della donna non *definisce* quello che l'uomo è suscitato ad essere dalla sua presenza, se il limite delle cose che Leopardi incontrava, il limite dello stesso universo che contemplava, non lo definiva, allora è necessario a questo punto il secondo passo oltre la negazione. Vale a dire l'introduzione di una parola estremamente importante, anzi "la parola suprema" per la ragione dell'uomo, che è la parola "segno". Nell'esperienza testimoniata in *Aspasia* e in altri luoghi, la donna è segno di qualcosa d'altro; criticamente cosciente o no, l'uomo di Leopardi subisce il dinamismo con cui questo segno lo percuote. E quando un uomo non è definito dalla situazione di limite in cui è, significa che afferma una presenza che lo richiama e lo suscita, significa che l'uomo grida e afferma la presenza di qualcos'altro.

Questo passaggio, a mio avviso, è chiaro nella poesia di Leopardi: l'affermazione della realtà come segno. Quella sproporzione, quella sublimità del sentire, quella esaltazione o sogno, quella rimembranza acerba che resta anche nei momenti più buoni, sì, tutto ciò può essere reso oggetto di un giudizio negativo; ma tale giudizio di negatività sull'esistenza è un'opzione. Il "no" è una scelta, non è una ragione. Infatti, l'esperienza di un uomo che vive contiene qualcosa che supera il suo stesso rapporto con la realtà: la realtà di cui egli vive non lo definisce, fa sorgere in lui un mondo, un interrogativo, che è messo in crisi dalla stessa realtà nell'impatto con la quale l'interrogativo è suscitato. Perciò, insisto, se un uomo non è definito dal proprio limite, se non è definito da quello che è, se un'attrattiva nella realtà rimane aperta, questo significa l'inevitabile affermazione di una presenza, di una risposta ultima. Tale affermazione di una presenza positiva ultima è così implicita nella ragione, intesa come coscienza del reale, che Leopardi ha finito perfino per riconoscerla.

C'è stato un istante della sua vita in cui Leopardi ha riconosciuto questa presenza. Critici e studiosi delle sue opere, come Giulio Augusto Levi, hanno normalmente identificato questo momento come quello più vero della sua coscienza e della sua vita interiore. Dunque, Leopardi non solo riconosce, come nell'inno ad *Aspasia*, che la realtà tocca l'uomo e lo rende cosciente di non essere definito dai suoi limiti e dai limiti del rapporto con il reale, con la donna o con la natura, e perciò gli appare come segno di qualcosa d'altro, ma arriva anche ad ammettere e a riconoscere questo qualcosa d'altro. Egli vi arriva in una poesia che i migliori critici pongono come il *clou* di tutto il suo itinerario. È una poesia mirabile, con cui io concludo quello che oggi sono stato capace o incapace di dire.

A un certo punto della sua vita, in un momento equilibrato e potente, Leopardi, sulla scia di quanto abbiamo detto commentando l'inno ad *Aspasia*, ha un'intuizione più chiara. Nell'inno ad *Aspasia* egli dice, in sintesi: "Tu, o donna, mi susciti qualcosa dentro, ed io amando quello che tu mi susciti dentro finisco per non amar più te, perché sei sproporzionata a quello che mi desti dentro"; ma a un certo punto, come dicevo, in un momento di equilibrio e di intensità particolari, Leopardi stende il suo inno non a questa o a quella donna, non a una delle tante donne di cui si era innamorato, ma alla Donna, col D maiuscolo, alla Bellezza, col B maiuscolo. È l'inno a quella amorosa idea che ogni donna gli suscitava dentro: idea amorosa che è intuita come una *presenza reale*. Credo che basti leggere questo canto per sentirsene conquistati. È intitolato *Alla sua donna*.

> *Cara beltà che amore*
> *lunge m'inspiri o nascondendo il viso,*

fuor se nel sonno il core
ombra diva mi scuoti,
o ne' campi ove splenda

[o bellezza che ti nascondi dietro il volto di una donna, o che «nascondendo il viso», mi appari nel sogno notturno, che mi desti l'attrattiva attraverso l'ombra della notte, oppure che ti nascondi dietro uno spettacolo della natura]

più vago il giorno e di natura il riso;
forse tu l'innocente
secol beasti che dall'oro ha nome,
or leve intra la gente
anima voli? o te la sorte avara
ch'a noi t'asconde, agli avvenir prepara?

[dove sei Bellezza, Bellezza col B maiuscolo, che ti nascondi dietro il volto di una donna, dietro il fascino di un sogno notturno, o dietro uno spettacolo della natura? Forse tu sei vissuta nell'età dell'oro, di cui le fiabe narrano, o forse tu verrai nelle età future]

Viva mirarti omai
nulla spene m'avanza;
s'allor non fosse, allor che ignudo e solo
per novo calle a peregrina stanza
verrà lo spirto mio.

[altro che negazione! Di vederti viva in quest'arido suolo non c'è più nessuna speranza, né d'incontrarti, o Bellezza, a meno che io t'incontri quando, per uno strano «novo calle», per uno strano sentiero, «a peregrina stanza», a una dimora ignota, il mio spirito verrà]

Già sul novello
aprir di mia giornata incerta e bruna,

[già quando ero piccolo, da ragazzo]

te viatrice in questo arido suolo
io mi pensai.

[da ragazzo io credevo di trovarti un giorno o l'altro fra le strade del mondo]

Ma non è cosa in terra
che ti somigli; e s'anco pari alcuna
ti fosse al volto, agli atti, alla favella,
saria, così conforme, assai men bella.

Fra cotanto dolore
quanto all'umana età propose il fato,
se vera e quale il mio pensier ti pinge,
alcun t'amasse in terra, a lui pur fora
questo viver beato:

[se io, che cerco di immaginarti, riuscissi a trattenere questa immagine che nella mia fantasia avviene, se io riuscissi a trattenerla sempre, sarei già felice anche in questo tentativo di immaginazione]

e ben chiaro vegg'io siccome ancora
seguir loda e virtù qual ne' prim'anni
l'amor tuo mi farebbe.

[se io tenessi desto l'amore a te, seguirei ancora lode e virtù e come quando ero ragazzo cercherei ancora la nobiltà della vita]

Or non aggiunse
il ciel nullo conforto ai nostri affanni;
e teco la mortal vita saria
simile a quella che nel cielo india.

[ma il destino, il cielo, non ci permette, in mezzo ai nostri affanni, di tener desta e viva questa immagine]

Per le valli, ove suona
del faticoso agricoltore il canto,
ed io seggo e mi lagno
del giovanile error che m'abbandona;
e per li poggi, ov'io rimembro e piagno
i perduti desiri, e la perduta
speme de' giorni miei; di te pensando,
a palpitar mi sveglio. E potess'io,

nel secol tetro e in questo aer nefando,
l'alta specie serbar; che dell'imago,
poi che del ver m'è tolto, assai m'appago.

Se dell'eterne idee
l'una sei tu, cui di sensibil forma
sdegni l'eterno senno esser vestita,
e fra caduche spoglie
provar gli affanni di funerea vita;

[se tu, o Bellezza, sei una degli abitanti dell'iperuranio di Platone, del mondo ideale dove tutte le cose sono perfette, se sdegni che l'eterno senno sia rivestito di carne, se sdegni di portare gli affanni della nostra vita mortale e perciò te ne stai nel tuo limbo lassù]

o s'altra terra ne' superni giri
fra' mondi innumerabili t'accoglie,
e più vaga del Sol prossima stella
t'irraggia, e più benigno etere spiri;
di qua dove son gli anni infausti e brevi,
questo d'ignoto amante inno ricevi.

È stato rileggendo questo brano che, quando avevo quindici anni, mi si è illuminato improvvisamente tutto Leopardi, perché questa è una sublime preghiera. Mi sono detto: che cosa è questa Bellezza col B maiuscolo, la Donna col D maiuscolo? È quel che il cristianesimo chiama Verbo, cioè Dio, Dio come espressione, Verbo appunto. La Bellezza col B maiuscolo, la Giustizia col G maiuscolo, la Bontà col B maiuscolo, è Dio.

Allora, non solo questa Bellezza non ha sdegnato rivestire l'«eterno senno» di carne umana, non solo non ha sdegnato di «provar gli affanni di funerea vita», ma è diventato Uomo ed è morto per l'uomo. Non l'uomo «ignoto amante» di lei, ma lei presente, ignota amante dell'uomo.

Il genio, come ho detto, è profeta, e infatti questa è una profezia dell'Incarnazione, nel senso letterale della parola.

> *Viva mirarti omai*
> *nulla spene m'avanza;*
> *[...] Già sul novello*
> *aprir di mia giornata incerta e bruna,*
> *te viatrice in quest'arido suolo*
> *io mi pensai.*

Questo è anche il messaggio cristiano: la Bellezza è diventata carne e ha provato «fra caduche spoglie / [...] gli affanni di funerea vita».

«Venne fra i suoi e i suoi non l'hanno accolto»[3], dice il Vangelo di Giovanni: ignoto amante fra i suoi, venne a casa sua e i suoi non l'hanno riconosciuto.

«Se dell'eterne idee / l'una sei tu»: questo è il grido naturale dell'uomo, è il grido dell'uomo che la natura ispira, è il grido, la preghiera dell'uomo a che Dio gli diventi compagno ed esperienza, milleottocento anni dopo che ciò era accaduto.

> *Se dell'eterne idee*
> *l'una sei tu, cui di sensibil forma*
> *sdegni l'eterno senno esser vestita,*
> *e fra caduche spoglie*
> *provar gli affanni di funerea vita;*
> *o s'altra terra ne' superni giri*
> *fra' mondi innumerabili t'accoglie,*
> *e più vaga del Sol prossima stella*
> *t'irraggia, e più benigno etere spiri;*
> *di qua dove son gli anni infausti e brevi,*
> *questo d'ignoto amante inno ricevi.*

---

[3] Cfr. Gv 1, 11.

In effetti, il messaggio cristiano è proprio in questa strofa di Leopardi.

Il messaggio di Leopardi è, dunque, potentemente positivo, obiettivamente e non per una forzatura di me credente. È, infatti, esaltante, perché, essendo espressione del genio, non può essere che profezia.

2.

UNA LETTURA DEL PASCOLI SUI DESTINI ULTIMI[1]

Lungi da me la pretesa di un approfondimento strettamente esegetico o letterario della poesia di Pascoli, pur se con quella di Leopardi essa è stata certamente un mio elemento continuo. Voglio semplicemente leggere a voi, così come leggo a me stesso, questa parola che, se non è così potente e chiara come quella di Leopardi, ha però un'insinuazione carica di emozione e, a mio avviso, anche di persuasività. Infatti, come solitamente affermo, il genio non può esprimersi se non – anche contro voglia – profetizzando.

Ora, io ho inteso leggere Pascoli da un particolare punto di vista, cioè dal punto di vista di un suo messaggio ultimo. Non a caso, il primo tema che avevo dato agli amici per questa conversazione era: «La metafisica di Pascoli». A me pare che questa metafisica sia racchiusa nei *Primi poemetti* e mi pare anche che questa identificazione non sia una limitazione di attenzione, bensì che, obiettivamente, il contenuto dei *Primi poemetti* tratteggi, o meglio, espliciti la concezione, l'immagine che Pascoli aveva delle ultime cose umane. Ma, siccome più che un commento, come ho accennato, la mia è una lettura, inizio subito dalla poesia che vuole definire l'uomo nella sua essenza ultima. Essa è una grande aspirazione, come afferma il titolo del poemetto: *La grande aspirazione.*

Un desiderio che non ha parole

[1] Lettura tenuta al Politecnico di Milano nel 1985. Tutte le poesie citate sono reperibili in G. Pascoli, *Poesie*, Garzanti, Milano 1994.

v'urge, tra i ceppi della terra nera
e la raggiante libertà del sole.

[È il paragone dell'uomo con l'albero. L'albero è come un urto di desiderio, senza parole, ed è tale desiderio che sviluppa la fisionomia dell'albero fra i ceppi della terra nera, poiché è legato al suolo, e la raggiante libertà del sole.

Pascoli è un fiume di questi preziosi particolari, di queste antitesi delicate: «[...] i ceppi della terra nera / e la raggiante libertà del sole» già definiscono il destino dell'uomo, essere limitato eppure proteso a uno spazio senza fine].

Voi vi torcete come chi dispera,
alberi schiavi! Dispergendo al cielo
l'ombra de' rami lenta e prigioniera,

e movendo con vane orme lo stelo
dentro la terra, sembra che v'accori
un desiderio senza fine anelo.

Ali e non rami! Piedi e non errori
ciechi di ignave radiche! –
[melodia di ciechi di ignave radiche!]
                                    poi dite
con improvvisa melodia di fiori.

Lontano io vedo voi chiamar con mite
solco d'odore; vedo voi lontano
cennar con fiamme piccole, infinite.

E l'uomo, alberi, l'uomo, albero strano
che, sì, cammina, altro non può, che vuole;
e schiavi abbiamo, per il sogno vano,

noi nostri fiori, voi vostre parole.

Il paragone dell'albero è certamente suggestivo, ma esprime anche un'aspirazione che già Pascoli chiama «vana». Però, ciò che questa poesia comunica è l'irriducibile evidenza: l'uomo è per sua natura aspirazione, è una tensione. Allora, ecco due dei *Primi poemetti* in cui Pascoli delinea il destino di questa tensione nei due aspetti fondamentali. L'uomo è desiderio e tensione innanzitutto di conoscenza, quindi di felicità.

Anzitutto di conoscenza.

Il libro è un componimento abbastanza noto. Pascoli sta camminando nel giardino di un amico, a un certo punto nel parco c'è un'altana, su un piccolo ridosso un chiostro tutto aperto e nel chiostro è stato abbandonato un libro, sopra il leggìo. Improvvisamente, mentre Pascoli passa vicino a quel chiostro, il vento si alza e urgendo le pagine del libro le fa passare, le alza e poi esse ricadono. È una banalità, ma è dalla banalità, che diventa segno, che si scopre l'infinitezza dell'uomo. Il poeta scopre in questa piccola banalità un simbolo cosmico: cos'è quel libro? Il libro è la voce del cosmo e del mondo. E che cos'è quel vento che alza le pagine che poi ricadono? Quel vento è il pensiero dell'uomo, è l'indomabile sete di conoscenza che spinge l'uomo a guardare quel libro. Ma il continuo ripetersi delle pagine che s'alzano e delle pagine che ricadono denota non l'irresolutezza, bensì l'insolubilità di questo desiderio. Senza dubbio è una delle più belle poesie di Pascoli.

> *Sopra il leggìo di quercia è nell'altana,*
> *aperto, il libro. Quella quercia ancora,*
> *esercitata dalla tramontana,*
>
> *viveva nella sua selva sonora;*
> *e quel libro era antico. Eccolo: aperto,*
> *sembra che ascolti il tarlo che lavora.*

[la quercia antica nella selva grande è dunque la realtà, il

mondo. Il libro esprime, contiene o dovrebbe contenere la
parola che dà voce alla selva sonora del mondo. Ecco, lo
ha aperto, sembra che ascolti il tarlo che lavora: quando si
è in montagna, in alta montagna, oppure quando si è in
campagna, lontanissimi da tutti i rumori, c'è quel silenzio
così assoluto che se ci fosse un tarlo che lavorasse a cento
metri lo si sentirebbe]

> *E sembra ch'uno (donde mai? non, certo,*
> *dal tremulo uscio, cui tentenna il vento*
> *delle montagne e il vento del deserto,*
>
> *sorti d'un tratto...) sia venuto, e lento*

[sembra che uno... ma da che parte? Non certo dal tremo-
lo uscio, non certo dalla fragile unità di un uomo e di una
donna]

> *sfogli − se n'ode il crepitar leggiero −*
> *le carte. E l'uomo non vedo io: lo sento,*
>
> *invisibile, là, come il pensiero...*

II

> *Un uomo è là, che sfoglia dalla prima*
> *carta all'estrema, rapido, e pian piano*
> *va, dall'estrema, a ritrovar la prima.*
>
> *E poi nell'ira del cercar suo vano*
> *volta i fragili fogli a venti, a trenta,*
> *a cento, con l'impaziente mano.*
>
> *E poi li volge a uno a uno, lenta-*
> *mente, esitando; ma via via più forte,*
> *più presto, i fogli contro i fogli avventa.*
>
> *Sosta... Trovò? Non gemono le porte*

più, tutto oscilla in un silenzio austero.
Legge?
[è la sosta di quando arriva un Einstein. Abbiamo trovato?
Ci siamo? Trovò? Legge?]
      Un istante; e volta le contorte

pagine, e torna ad inseguire il vero.

III

E sfoglia ancora; al vespro, che da nere
nubi rosseggia; tra un errar di tuoni,
tra un alïare come di chimere.

E sfoglia ancora, mentre i padiglioni
tumidi al vento l'ombra tende, e viene
con le deserte costellazïoni

la sacra notte. Ancora e sempre: bene
io n'odo il crepito arido tra canti
lunghi nel cielo come di sirene.

Sempre. Io lo sento, tra le voci erranti,
invisibile, là, come il pensiero,
che sfoglia, avanti indietro, indietro avanti,

sotto le stelle, il libro del mistero.

«Sotto le stelle»: è esattamente la stessa posizione del titolo del romanzo *E le stelle stanno a guardare* di Cronin. Come
sempre, di fronte al dolore e al dramma umani, laddove
l'autore non abbia il nesso con l'*ultimo*, il nesso della fede,
la natura fa sempre da quinta arida, impavida, non parte-
cipe. Inversamente, laddove la poetica nasce da un'intuizione religiosa, la natura partecipa del dramma dell'uomo.

Il vento che muove le pagine è il pensiero dell'uomo che io non vedo, ma sento. C'è, infatti, una dimensione che è irriducibile a quel che può essere oggetto di peso e di misura. In Pascoli questa dualità insita nell'uomo è cordialmente e clamorosamente esplicitata. Eppure è come se la sua riflessione sull'uomo non riuscisse o non sia riuscita ad andare oltre la barriera di una certa nebbia.

Dunque, il primo contenuto de *La grande aspirazione* è la sete di verità, per cui la vita dell'uomo come tale è ricerca. Una ricerca senza esito, senza fine; senza fine cronologicamente, ma anche nel senso finalistico del termine. Si potrebbe rispondere che l'uomo ricerca per essere, per esistere.

Ecco invece il primo poemetto – *La felicità* – in cui si accenna al secondo aspetto della grande aspirazione, vale a dire la felicità, la sete di felicità. Questo poemetto è estremamente curioso, è come un dialogo serrato, velocissimo, a frasi rotte, fra l'uomo che ricerca la felicità, il cavaliere errante, e la realtà nella sua mobilità, cioè il tempo. Il vecchio è il tempo e l'uomo è il cavaliere errante alla ricerca del suo destino buono.

> *«Quella, tu dici, che inseguii, non era*
> *lei...?» «No: era una vana ombra in sembiante*
> *di quella che ciascuno ama e che spera*
>
> *e che perde. Virtù di negromante!»*
> *«Ella è qui, nel castello arduo ch'entrai?»*
> *«Forse la tocchi, o cavaliere errante!»*
>
> *«Forse... E non la vedrò?» «Non la vedrai».*
> *«Oh!» «Tale è l'arte dell'oscuro Atlante:*
> *non è, la vedi: è, non la vedi». «E, mai...?»*
>
> *«Ma sì: se leggi in questo libro tante*

rapide righe». «E dicono...?» «S'ignora:
chi lesse, tacque, o cavaliere errante!»

«Se leggo...» «Sai: l'incanto è rotto». «Allora?»
«La vedrai». «Su l'istante?» «In quell'istante!»
«E il castello?» «Nell'ombra esso vapora».

«Ed è?...» «La Vita, o cavaliere errante!»

In questa caratteristica che non è di nebulosità, ma di enigmaticità, artisticamente tradotta anche con questi contraddittori chiaroscuri, sta il senso più forte delle poesie di Pascoli, che non è la negazione, la vanità del sogno, ma l'enigmaticità del tutto. Però, come faccio io, leggendo questi versi: «Ma sì:» – dice il vecchio – «se leggi in questo libro tante / rapide righe». «E dicono...?» «S'ignora: / chi lesse, tacque, o cavaliere errante!»; come faccio a non ricordarmi di: «e il Verbo si fece carne»; e ancora: «Dio nessuno lo ha visto, il Figlio unigenito è venuto a narrarcelo»[2], come dice il primo capitolo di san Giovanni?

Per questo è profeta ogni genio: «chi lesse tacque», mentre chi è capace di leggere venne a parlare. Il cristianesimo è questo messaggio, è l'adempimento di questa aspirazione profonda di cui anche qui abbiamo testimonianza.

Ma ecco il poemetto che, a mio avviso, è il più "definitivo" della figura di Pascoli. È intitolato *Il cieco*. Si immagina un mendicante, un girovago cieco guidato dal cane: l'uomo di fronte alla realtà che non può leggere, che non sa leggere, è guidato dal cane, cioè dall'istinto. Ma a un certo punto anche l'istinto non basta più, il cane è morto, e allora l'uomo che non può farsi condurre da quella misura e da quel-

---

[2] Cfr. Gv 1, 18 («Dio nessuno lo ha mai visto: proprio il Figlio Unigenito, che è nel seno del Padre, Lui lo ha rivelato»).

la guida rimane solo nel buio assoluto, di fronte ad un infinito la cui essenza ontologica però sente e ammette. Per questo motivo dico che il messaggio di Pascoli non è una negazione, ma è il grido della enigmaticità ultima della realtà. E gridare questa enigmaticità ultima non può essere evitato, se non nel caso in cui l'uomo incontri colui che ha parlato. Al di fuori dell'incontro con Cristo questo grido sulla enigmaticità ultima dell'universo è l'unico atteggiamento interamente umano. Ogni altro atteggiamento cede a una impazienza che rende colpevoli di presunzione, e che, essendo appunto frutto di impazienza, si espone alla confutazione del tempo. Mentre il grido circa l'enigmaticità della realtà, dalla profondità dei secoli passati alla profondità dei millenni futuri, sempre dirà il cuore vero dell'uomo.

I

Chi l'udì prima piangere? Fu l'alba.
Egli piangeva;
[strano, un tipo rotto a tutto, duro come un sasso, piangeva]
e, per udirlo, ascese
qualche ramarro per una vitalba.
[«Ma un asin grigio rosicchiando un cardo / rosso e turchino non si scomodò» dice Carducci nella poesia *Davanti a san Guido*: è la natura che al massimo s'arresta, come un animale di fronte a un rumore, ma non partecipa]

E stettero, per breve ora, sospese
su quel capo due grandi aquile fosche.
Presso era un cane, con le zampe tese

all'aria, morto: tra un ronzìo di mosche.
[ecco il grande soliloquio. Una scena immane. Immaginatevi questo uomo solo, ritto: non ha nulla attorno a sé per-

ché non vede nulla, nel buio assoluto e nella percezione di
una presenza mostruosa, perché ciò che non è conoscibile
è mostruoso]

II

«Donde venni non so; né dove io vada
saper m'è dato. Il filo del pensiero
che mi reggeva, per la cieca strada,

da voci a voci, dal dì nero al nero
tacer notturno (m'addormii; sognai:
vedevo in sogno che vedevo il vero:

desto, più non lo so, né saprò mai...);

III

nel chiaro sonno, in mezzo a un rombo d'api,
si ruppe il tenue filo. E poi che gli occhi
apersi, cerco i due penduli capi
[il filo è quello dell'istinto: il cane. L'uomo cerca i due
penduli capi: vale a dire il guinzaglio o i due capi del filo]

in vano. Mi levai sopra i ginocchi,
mi levai su' due piedi. E l'aria in vano
nera palpo, e la terra anche, s'io tocchi

pure il guinzaglio, cui lasciò la mano

IV

addormentata. Oh! non credo io che dorma
la mia guida, e con lieve squittir segua
nel chiaro sonno il lieve odor d'un'orma!

Egli è fuggito; è vano che l'insegua
per l'ombra il suono delle mie parole!

[a un certo punto anche tutta la rozza evidenza dei sensi, dell'istinto non tiene più. «È vano che l'insegua per l'ombra il suono delle mie parole», che mi metta a gridare il suo nome]

Oh! la lunga ombra che non mai dilegua

per la sempre aspettata alba d'un sole,

V

che di là brilla! Vano il grido, vano
il pianto. Io sono il solo dei viventi,
lontano a tutti ed anche a me lontano.

[senza la percezione del senso e del destino uno è lontano da tutto, ed è lontano anche da se stesso; se non c'è un nesso totale, non c'è neanche un nesso tra l'ora e l'istante prima, fra me e chi mi è vicino, gomito a gomito. Solo se si può uscire dall'esaurire l'istante nella sua immediatezza, allora si può tessere il nesso infinito. Se c'è un senso al tutto, allora c'è un senso anche al nesso particolare, è possibile il nesso particolare. Del resto, un nesso particolare non lo si può misurare se non all'interno dell'orizzonte totale, altrimenti si prendono grossi granchi: senza senso della prospettiva non si può misurare]

Io so

[questa è l'ultima affermazione di Pascoli]

che in alto scivolano i venti,
e vanno e vanno senza trovar l'eco,
a cui frangere alfine i miei lamenti;

a cui portare il murmure del cieco...

So, so che c'è qualcosa.

Un etnologo, Delafosse, studiò per vent'anni alcune tribù del centro dell'Africa; scrisse molti libri su di esse e le descrisse dapprima come religiosamente politeiste. Dopo vent'anni fece uscire un libro[3] molto voluminoso sulla metafisica di questa gente: aveva scoperto che avevano un'idea monoteista purissima. Essi ammettevano l'esistenza di un ente ultimo, ma non lo pregavano mai. Allora lo studioso ha chiesto: «Perché non lo pregate mai, se è al di sopra di tutti i vostri dei?». E loro hanno risposto che quell'Ente Supremo era andato a caccia lontano e anche i loro genitori, i loro progenitori l'avevano evocato, ma lui non aveva sentito, perché era lontano a caccia e perciò si erano dovuti rivolgere a dei più vicini; così il contenuto della loro pietà era divenuto semplicemente il rapporto con questi dei intermedi.

Si ha qui una traccia impressionante del concetto di peccato originale. Vale a dire, una lontananza originale dell'uomo dalla sorgente del suo essere. Ma è analogo a quanto dice Pascoli: "So che c'è, ma non gli arriva l'eco del lamento, del murmure del cieco".

Qui c'è un passaggio bellissimo! Come è intensa in quest'uomo la necessità di essere conosciuto, di essere ascoltato, di essere in rapporto con qualche cosa, di essere in rapporto con un senso.

VI

Ma forse uno m'ascolta; uno mi vede,
invisibile. Sé dentro sé cela.
Sogghigni? piangi? m'ami? odii? Siede
[che senso ha la vita? È cinica, è negativa oppure è piena di pietà, è bene o male? «Ma forse uno m'ascolta; uno mi vede, / invisibile. Sé dentro sé cela. / Sogghigni? piangi? m'ami? odii?»]

[3] M. Delafosse, *Les Noirs de l'Afrique*, Payot, Paris 1922.

in faccia a me. Chi che tu sia, rivela
chi sei: dimmi se il cuor ti si compiace
o si compiange della mia querela!

Egli mi guarda immobilmente, e tace.

VII

O forse una mi vede, una m'ascolta,
invisibile. È grande, orrida: il vento
le va fremendo tra la chioma folta.
[il mistero, l'enigma, la selva di prima]

Siede e mi guarda. O tu che ignoro e sento,
[questo è il Dio di Pascoli]
dimmi se guerra hai tu negli occhi o pace!
dimmi ove sono! Ed essa è là, col mento

sopra la palma, che mi guarda, e tace.

VIII

Chi che tu sia, che non vedo io, che vedi
me, parla dunque: dove sono? Io voglio
cansar l'abisso che mi sento ai piedi...

di fronte? a tergo? Parlami. Il gorgoglio
n'odo incessante; e d'ogni intorno pare
che venga; ed io qui sto, come uno scoglio,

tra un nero immenso fluttuar di mare».

IX

Così piangeva: e l'aurea sera nelle

rughe gli ardea del viso; e la rugiada
sopra il suo capo piovvero le stelle.

Ed egli stava, irresoluto, a bada
del nullo abisso, e gli occhi intorno, pieni
d'oblio, volgeva; fin ch' – io so la strada –

una, la Morte, gli sussurrò – vieni! –

«Ed egli stava, irresoluto, a bada / del nullo abisso», della realtà senza senso. «[...] O tu che ignoro e sento, / dimmi se guerra hai tu negli occhi o pace!» [...] «Chi che tu sia, [...] parla dunque».

Il Verbo si è fatto carne, Dio ha parlato e ha detto: Misericordia, Pietà, Amore; il grido profetico del genio ha avuto risposta: venne fra i suoi e i suoi non se ne sono accorti. Ma l'uomo senza quella risposta rimane nella vita ultimamente irresoluto, anche se febbrilmente pieno di iniziative, a guardia del nullo abisso. Perché, realmente, non c'è una terza possibilità fra ciò che è accaduto duemila anni fa e la tragica e magnifica immagine dell'uomo di questo bellissimo poemetto. Il profeta Isaia, di un uomo così, dice che sta sulla terra come un albero spoglio in cima alla collina. È il pezzo di legno che mettevano in alto alle colline come segno religioso, un pezzo di legno, irresoluto, a bada del «nullo abisso».

Non c'è una terza strada.

Ecco, infatti, in quest'altro poemetto che leggo – *I due orfani* – espressa la necessità sinteticamente più umana così come Pascoli l'ha sentita.

I

«Fratello, ti do noia ora, se parlo?»
«Parla: non posso prender sonno». «Io sento
rodere, appena...» «Sarà forse un tarlo...»

«Fratello, l'hai sentito ora un lamento
lungo, nel buio?» «Sarà forse un cane...»
«C'è gente all'uscio...» «Sarà forse il vento...»

«Odo due voci piane piane piane...»
«Forse è la pioggia che viene giù bel bello».
«Senti quei tocchi?» «Sono le campane».

[tutto diventa pauroso e un «forse» copre e rende insicu-
ro tutto]

  «Suonano a morto?
[l'unico tocco sicuro]

       suonano a martello?»
«Forse...» «Ho paura...» «Anch'io». «Credo che tuoni:
come faremo?» «Non lo so, fratello:

stammi vicino: stiamo in pace: buoni».
«Io parlo ancora, se tu sei contento.
Ricordi, quando per la serratura

veniva lume?» «Ed ora il lume è spento».

II

«Anche a que' tempi noi s'avea paura:
sì, ma non tanta». «Or nulla ci conforta,
e siamo soli nella notte oscura».

«Essa era là, di là di quella porta;
e se n'udiva un mormorìo fugace,
di quando in quando». «Ed or la mamma è morta».

«Ricordi? Allora non si stava in pace
tanto, tra noi...» «Noi siamo ora più buoni...»
«ora che non c'è più chi si compiace

di noi...» «che non c'è più chi ci perdoni».

Qui è tutta la sorgente etica del Pascoli. Nel grande enigma il terribile frutto è la solitudine, e nella solitudine la paura. L'unico rimedio è stare vicini gli uni agli altri: siamo più buoni. Di che cosa si avrebbe bisogno? Di perdono. È l'esigenza che l'essere, il reale sia perdono – questa è un'intuizione veramente eccezionale. Che implicazione tacita, anche se confusa, di una responsabilità, nella convivenza con un male così, che se non è del tutto nostro, tuttavia noi non ne siamo del tutto irresponsabili.

Ecco allora l'ultimo testo che leggo.

Qual è l'immagine di umanità più realizzata che si possa concepire in queste condizioni? In queste condizioni metafisiche tale uomo, aspirazione profonda, irresistibile e irrisolvibile, perciò inesauribile, immerso dentro un enigma dove conoscenza, amore e felicità non trovano risposta, dentro una solitudine in cui tutta quanta la parola è, nel miglior caso, un monologo gridato ad una presenza che non si vede, anche se si sente – è come se non ci fosse perché non è secondo quello che io posso toccare e vedere, eppure non è come se non ci fosse, perché c'è, lo so, dice: lo so –, ecco, in queste condizioni, l'uomo ha un unico suggerimento etico: stiamo buoni tra noi, guardate in che condizioni siamo! È l'intuizione folgorante della realtà come perdono. Ma perdono a che cosa? Perdono a questo limite, a una confusione, a una corresponsabilità anch'essa enigmatica, confusa.

In questa metafisica immagine della vita dell'uomo qual è la realizzazione meno lontana dall'ideale? La realizzazione ideale dell'uomo dove possiamo trovarla? Essa esiste? A mio avviso, Pascoli in questo poemetto dice di sì. C'è ed è la Chiesa: egli non la nomina, ma guardate se questo testo, che si intitola *Il focolare*, non è la descrizione della Chiesa come la poteva sentire il Pascoli.

I

È notte. Un lampo ad or ad or s'effonde,
e rileva in un gran soffio di neve
gente che va né dove sa né donde.

Vanno. Via via l'immensa ombra li beve.
E quale è solo e quale tien per mano
un altro sé dal calpestìo più breve.

E chi gira per terra l'occhio vano,
e chi lo volge al dubbio d'una voce,
e chi l'innalza verso il ciel lontano,

e chi piange, e chi va muto e feroce.

II

Piangono i più. Passano loro grida
inascoltate: niuno sa ch'è pieno,
intorno a lui, d'altro dolor che grida.

Ma vede ognuno, al guizzo d'un baleno,
una capanna sola nel deserto;
e dice ognuno nel suo cuore – Almeno

riposerò! – Dal vagolare incerto
volgono a quella sotto l'aer bruno.
Eccoli tutti avanti l'uscio aperto

della capanna, ove non è nessuno.

III

Sono ignoti tra loro, essi, venuti
dai quattro venti al tacito abituro:
a uno a uno penetrano muti.

– Qui non fa così freddo e così scuro! –
dicono tra un sospiro ed un singulto;
e si assidono mesti intorno al muro.

E dietro il muro palpita il tumulto
di tutto il cielo, sempre più sonoro:
gemono al buio, l'uno all'altro occulto;

tremano... Un focolare è in mezzo a loro.

IV

Un lampo svela ad or ad or la gente
mesta, seduta, con le braccia in croce,
al focolare in cui non è nïente.

Tremano: intanto il bàttito veloce
sente l'un cuor dell'altro. Ognuno al fianco
trova un orecchio, trova anche una voce;

e il roseo bimbo è presso il vecchio bianco,
e la pia donna all'uomo: allo straniero
omero ognuno affida il capo stanco,

povero capo stanco di mistero.

V

Ed ecco parla il buon novellatore,
e la sua fola pendula scintilla,
come un'accesa lampada, lunghe ore

sopra i lor capi. Ed ecco ogni pupilla
scopre nel vano focolare il fioco
fioco riverbèrio d'una favilla.

Intorno al vano focolare a poco
a poco niuno trema più né geme
più: sono al caldo; e non li scalda il fuoco,

ma quel loro soave essere insieme.

VI

Sporgono alcuni, con in cuor la calma,
le mani al fuoco: in gesto di preghiera
sembrano tese l'una e l'altra palma.

I giovinetti con letizia intiera
siedon del vano focolare al canto,
a quella fiamma tiepida e non vera.

Le madri, delle mani una soltanto
tendono; l'altra è lì, sopra una testa
bionda. C'è dolce ancora un po' di pianto,

nella capanna ch'urta la tempesta.

VII

Oh! dolce è l'ombra del comun destino,
al focolare spento. Esce dal tetto
alcuno e va per suo strano cammino;

e la tempesta rompe aspro col petto
maledicendo; e qualche sua parola
giunge a quel mondo placido e soletto,

che veglia insieme; e il nero tempo vola
su le loro soavi anime assorte
nel lungo sogno d'una lenta fola;

mentre all'intorno mormora la morte.

Quel loro soave starsene insieme è la sostituzione del perdono mancato: siamo buoni, cerchiamo di stare insieme perché questo è l'unico tepore che può attutire il gelo dell'enigma universale. Ma quando uno è costretto a dire: lo so, c'è, io so che in alto scivolano i venti, tutto il resto della descrizione esistenziale non è più logica, è un'opzione, è una scelta. La logica, infatti, non può più eliminare la positività dell'intuizione.

Se l'opzione successiva non vi è coerente, tutto si disfa, si annebbia, nulla diventa veramente serio, cioè solido, perché la serietà è una solidità, e infine rimane solo una pena pietosa.

Credo che in questi termini la metafisica del Pascoli o i suoi fattori ultimi siano stati almeno tutti enunciati. L'accento più impressionante e clamorosamente positivo è l'affermazione dell'uomo come aspirazione inesorabile al vero (il libro) e alla felicità (il cavaliere errante e il vecchio, il tempo).

V'è implicata l'intuizione positiva di *qualcosa d'altro*. Infatti, questa aspirazione donde viene, visto che non se la dà l'uomo? Percepire tutto questo è la verità più costruttiva della vita: non ci diamo mai da soli quello che siamo, queste aspirazioni non le fabbrichiamo noi.

Se dalla venerazione, dalla adorazione di questo *quid* sconosciuto noi cadiamo invece nella opzione irrazionale negativa, in immagini e giudizi che non scaturiscono da questa positività, sia pure misteriosa, allora la nostra vita si sfascia e non può essere ricostruita dal «vogliamoci bene» – che è l'etica di Pascoli – o, in fondo, del Socialismo Romantico.

3

IL DRAMMA DI CLEMENTE REBORA[1]

Clemente Rebora può essere considerato uno dei più grandi poeti italiani del nostro secolo. La sua opera ha apportato novità alla tradizione e al flusso poetico italiano, influenzando scrittori e poeti, fra i quali Eugenio Montale, che lo andò a trovare con alta dimostrazione di affetto.

Per accennare alle tematiche fondamentali della sua opera poetica vorrei partire da una poesia scritta quand'era sacerdote, che è forse la sintesi di tutto quanto il suo itinerario. Dice: «Il sacerdote come fiume muove / a quella foce» – come fiume, perciò raccogliendo ogni incontro, portando nel suo seno ogni rapporto, senza riserve (e così è l'opera di Rebora, come un alveo in cui qualsiasi accento della vita e qualsiasi possibile incontro della vita è stato riassunto e portato a quella foce). «...come fiume muove / a quella foce» – ovvero la morte – «ove è l'eterno». È attraverso l'esperienza del limite, quindi della morte, che Clemente Rebora ha scoperto l'eterno. Esso è la foce che muove il grande fiume, il quale veicola tutto ciò che incontra, «Poi che la terra è sol passaggio e prove».

Onnicomprensività che cammina carica dell'ardore di desiderio, si scontra con il limite (la morte) e vi scopre l'eterno: ecco, concentrati in questi tre elementi, i valori tematici fondamentali dell'espressione reboriana.

Voglio innanzitutto indicare la prima nota che mi ha colpito nel leggere tanti anni fa per la prima volta Clemente

---

[1] Lettura tenuta a Vercelli il 6 aprile 1987. Tutte le poesie citate sono in C. Rebora, *Poesie*, Garzanti, Milano 1988.

Rebora. È la sua positività di uomo buono (si è convertito molto dopo la sua produzione forse anche migliore), una positività di fronte al disegno misterioso delle cose, o meglio, l'affermazione della positività del disegno misterioso. Rebora afferma un disegno, e quindi intuisce un'intelligenza nelle cose, misteriosa perciò ineffabile, non dicibile, non decifrabile, ma comunque positiva.

Mi sembra che si possa definire questo primo impatto con la poesia di Clemente Rebora l'impatto con un uomo *povero*; perché il «pauper evangelicus», il povero del Vangelo, è chi non avendo nulla da difendere – come diceva Dostoevskij – di fronte alla verità, registra la realtà, e la realtà si presenta come disegno (perfino a Kant veniva un dubbio sulla bontà della sua *Critica della ragion pura* guardando il cielo stellato).

La realtà, infatti, si presenta come disegno indubbiamente misterioso: «Donde viene, dove va?». Ma questo modo della positività è proprio quello del bambino, del povero, perché questa nota dell'affermazione di positività indubbiamente viene incussa alla coscienza dallo sguardo che portiamo al firmamento, o dallo sguardo che portiamo al mare, che, come dice Giobbe, «ha i suoi limiti e non li varca»[2]. Ma è qui dove la virtù opera la sua scelta: infatti, il nichilismo alla Montale, lo scetticismo che fa rifuggire dall'impegno, da un impegno obbediente, o l'amarezza per una realtà che non corrisponde immediatamente alle proprie pretese, indicano altre scelte, altre posizioni che normalmente l'uomo assume.

In questo caso no; un uomo povero (povero di spirito nel senso evangelico) mi si è presentato Rebora alla prima lettura, e questa povertà è, come ho accennato, definita nel cogliere la positività del disegno misterioso delle cose, misterioso ma positivo, in qualche modo positivo.

[2] Cfr. Gb 38, 8-12.

Voglio documentare brevemente questo primo asserto con il *Frammento V* della raccolta «Ai primi dieci anni del secolo ventesimo»:

> [...]
> *Se l'uom tra bara e culla*
> *Si perpetua, e le sue croci*
> *Son legno di un tronco immortale*
> *E le sue tende frale germoglio*
> *D'inesausto rigoglio,*
> *Questo è cieco destin che si trastulla?*
> *Se van dall'universo eterne voci*
> *E dagli àtomi ai soli si marita*
> *Fra glorie ardenti e tenebrosi falli*
> *Una grandezza infinita*
> *Che lo spirito intende,*
> *Questo è per nulla?*

Non è possibile che tutto ciò sia per nulla. Queste domande che sottendono lo sguardo all'universo, immediatamente suggeriscono quella positività di cui ho parlato.

Non può essere per nulla; così infatti, l'uomo, nella sua cosmica compagnia, cammina. Cammina, non sta fermo (*Frammento XXVIII*):

> [...]
> *Tu, per le case le patrie la terra,*
> *Sei l'urto e l'impronta del ritmo seguito*
> *Dai passi che leva e che sferra*
> *Tra mete e ritorni*
> *Il gigante che va per l'infinito.*

Secondo tale sensazione immediata di positività l'uomo è un gigante che va per l'infinito, «tra mete e ritorni», ma questo gigante vive momento per momento, portando dunque un valore dell'essere nell'istante effimero. L'istante effimero, infatti, non è effimero (in ogni momento «l'attimo irraggiato / nel vasto palpitar che lo feconda»), ma dimostra la sua connessione col tutto, dunque ogni attimo ha un'importanza grande. La positività rende grande l'uomo che cammina dentro la realtà, ma in quanto rende grande ogni attimo, ogni istante. Tale caratteristica fondamentale del primo sguardo che l'uomo porta alla realtà si riflette in una espressione che riverbera più di qualsiasi altra la grandezza del cuore dell'uomo e la sublimità dell'istante.

Si tratta della *musica*: essa è l'espressione più tipica di questo confronto tra l'uomo e la positività misteriosa del disegno.

«Virtù ti crea che non par segreta.» Ti crea un'energia, o musica, che sembra nata dall'origine. C'è una familiarità tra noi e la musica – come parola del creato – che è originale (*Frammento XVI*):

> [...]
> *Virtù ti crea che non par segreta,*
> *Ma il ritmo snuda l'amor che discende*
> *Dall'universo a rivelar la meta:*

[la musica nel ritmo mette a nudo l'amore che discende dall'universo per rivelare la meta del nostro cammino]

> *Amor che nel cammino nostro accende*
> *L'inconsapevol brama triste o lieta,*
> *E in te, raggiunto il tempo, lo trascende.*

Nella musica è la conoscenza ben consapevole della realtà e nello stesso tempo carica di Mistero. Insomma, l'accenno alla musica come simbolo del paragone fra la realtà e l'uomo, fra la grande positività, il grande cuore, e la non solitudine dell'istante, la connessione profonda dell'istante con il tutto, serve a fissare un ulteriore passaggio. Se, infatti, la realtà è così positiva, e nella musica si riflette l'amore che ci porta e ci sospinge nel desiderio di capire la meta di tutto, significa che la realtà è *dono*. «Quando si eleva il cuore all'amoroso dono / non più s'inventan gli uomini / ma sono». Quando il cuore si eleva a percepire che tutto è dono, quando fa tale scoperta, allora gli uomini non s'inventano più, non inventano più se stessi, non si fingono, non debbono immaginarsi, ma finalmente sono. Acquistano la consistenza che di fronte ai loro occhi hanno le stelle o le onde del mare.

Tutte queste citazioni sono da brani che anticipano di molto la conversione di Rebora, così come anche i brani che citerò nel secondo accento della sua opera poetica che intendo tematizzare.

Vorrei intitolare il secondo punto: "A questa positività l'uomo collabora". Se percepisce, se presente questa positività ultima della realtà, sia pure misteriosa, se percepisce che tutto è dono, allora l'uomo si butta volentieri nella collaborazione. L'uomo che *è*, e non *si inventa*, diventa collaboratore della realtà: collaboratore del senso della realtà! Egli non è collaboratore soltanto di stralci della realtà, stralci operati secondo preconcetti propri, o secondo preventivi, o programmi prestabiliti.

Innanzitutto, questa collaborazione è partecipazione al moto del cosmo (*Frammento VI*):

> [...]
> *Oh per l'umano divenir possente*
> *Certezza ineluttabile del vero,*
> *Ordisci, ordisci de' tuoi fili il panno*
> *Che saldamente nel tessuto è storia*
> *E nel disegno eternamente è Dio:*
> *Ma così, cieco e ignavo,*

> *Tra morte e morte vil ritmo fuggente,*
> *Anch'io t'avrò fatto; anch'io.*

Io, dunque, partecipo. In questa collaborazione partecipo alla costruzione dell'universo. All'ordito di quel panno, al tessuto che è storia, al disegno che è Dio: il Mistero. Anche se io sono come un'onda breve, «cieco e ignavo», cieco di fronte al mistero, ignavo di fronte all'enorme massa di energia del cosmo, «Tra morte e morte vil ritmo fuggente», come una nota tra una morte e l'altra, anche se son così meschino, «Anch'io t'avrò fatto; anch'io».

Ma questa partecipazione, in cui l'uomo di Rebora sente impegnata tutta quanta la sua personalità, è una lotta. E una fatica armata (*Frammento V*):

> [...]
> *Ma come dal fermaglio della scotta*
> *Più veemente vela al vento fugge,*
> *Vorrei così che l'anima spaziasse*
> *Dall'urto incatenato del cimento.*

Quanto più mi sento nella morsa delle cose che mi impediscono di identificarmi coi sogni, coi desideri, tanto più vorrei che questa morsa che stringe mi facesse ardente nella dedizione della mia energia. Bellissimo paragone della barca a vela, del fermaglio della scotta: quanto più si stringe tanto più il vento che vi soffia dentro fa volar la barca. «Vorrei così che l'anima spaziasse / Dall'urto incatenato del cimento». È talmente forte il senso della positività ultima del mistero che l'alienazione e il limite non diventano, o non restano, obiezione, ma diventano addirittura l'opposto, un urto che più spinge a dare. Si tratta di una lotta, di una partecipazione nella lotta dentro la storia, per il mondo concreto.

Chiedono i tempi agir forte nel mondo
[dice nel *X Frammento*, e altrove sembra concludere:]
per un'umana impresa che è da farsi.

La collaborazione cui si dedica è un'umana impresa che «è da farsi».

Non leggo la bellissima *Ninna nanna delle risaiole lombarde.* Voglio sottolineare che in Rebora vi è un temperamento talmente sano che anche di fronte all'oscurità della foce, vale a dire dell'immagine misteriosa della positività ultima, quest'uomo si butta nell'azione, non ha nessuna riserva «per un'umana impresa che è da farsi». E quando incontrerà la fede, anch'essa dovrà essere strumento a questa «umana impresa che è da farsi». «Amor di Cristo» – scriverà – «che già qui nel mondo comincia ed insegna il viver più buono»: ecco l'umana impresa che è da farsi. C'è, infatti, qualche cosa in questo mondo che diventa obiezione a tale volontà positiva. Insomma, c'è un solo nemico da combattere: la quiete gretta che cerca l'utile senza renderlo funzione a qualcosa di più grande. È la quiete gretta che cerca l'utile senza gratuità, senza prospettiva e margini di gratuità.

Questo elemento della poesia di Rebora che ho chiamato «volontà di collaborazione con la realtà», con la realtà misteriosamente, confusissimamente positiva, mi richiama un brano di Leopardi, perché è come se fosse la stessa anima, quando ne *Il pensiero dominante* parla di questa età superba:

> [...]
> *che di vote speranze si nutrica,*
> *vaga di ciance, e di virtù nemica;*
> *stolta, che l'util chiede,*
> *e inutile la vita*
> *quindi più sempre divenir non vede;*

Epoca «stolta» dell'utile senza gratuità.

Ma ecco la terza questione, la più importante in un discorso sulla poetica di Clemente Rebora come espressione di un'esperienza personale della vita.

La parola che posso usare mi pare che sia soltanto una: "scelta", ovvero il dramma della scelta. Infatti, fino a questo punto la positività rimane per così dire in una confusione quasi panteistica e la "sanità" della figura di Rebora sta proprio nel fatto che, nonostante l'impossibilità di una chiarezza individuale, egli s'infila in questa grande confusione, si butta in un impeto di collaborazione.

Ma ecco che nel *LXII* dei suoi *Frammenti* (*Lo spazio poroso e assetato*) dice:

> [...]
> *Dite dite l'arcana maniera* [o creature]
> *Dell'invisibile amore*
> *A noi, che meschini*
> *Coniamo dei nostri suggelli*
> *Il lavoro di Dio*
> *Gridando: Io, io, io!* –

O cose del mondo dite, fateci conoscere questa maniera misteriosa che l'invisibile amore ha nel costruirvi, mostratela a noi che, meschini come siamo, crediamo che le cose che esistono siano quelle che possiamo toccare e plasmare noi stessi: «A noi, che meschini / Coniamo dei nostri suggelli / Il lavoro di Dio / Gridando: Io, io, io!». Urge allora la scelta tremenda: «Dire sì, dire no / a qualcosa che so». Oramai lo so, dice Rebora, oramai capisco, eppure urge la scelta tremenda. È proprio in questa drammaticità la differenza tra l'umano e il subumano, perché è in tale drammaticità che il livello della natura che si chiama uomo vive nello sgomento, e vive una mobilità di pensieri e sentimenti che però continuamente ritornano al punto dolente, cioè all'intuizione oramai emersa.

Leggo la poesia *Il mio sgomento*:

> *Ogni momento*
> *del semplice vegetale*
> *fa dir di sì il vento,*
> *fa dir di no il vento:*
> *cessato il suo tormento,*
> *tutto ritorna senza sentimento.*
> *Ogni momento*
> *si apre e chiude*
> *uguale e disuguale,*
> *sempre s'illude,*
> *rimane il tempo:*
> *non cessa il suo tormento,*
> *rimane il mio sgomento,*
> *in ogni tempo.*
>
> (5 novembre 1956)

Per l'uomo ogni momento si apre e si chiude uguale e disuguale. Sempre egli si illude che si sospenda il dramma, che cessi perché fissa il termine ideale, la composizione ultima della grande questione. Ma rimane il tempo, e questo tempo è il contrario della realtà subumana, senza sentimento. Rimane il tempo, cosicché non cessa il suo tormento, «rimane il mio sgomento, / in ogni tempo».

Ma la stessa cosa Rebora dice in una poesia ancora più suggestiva, tra le sue più belle, *Maternità di Maria*:

> *La cima del frassino*
> *approva, disapprova,*
> *con lenta riprova*
> *la vicenda del vento;*
> *e in fine sempre afferma*
> *il tendere massimo al cielo:*
> *richiama così la vetta dell'anima,*

61

che alla Divina Persona
si accosta o si scosta
nel transito del tempo
verso un vertice eterno;
e misericordiosamente, ogni volta,
si conferma l'unione di amore
per l'unanime gloria.

([9 ottobre] 1955)

I passi di Rebora ormai sono di uno che ha già visto e che s'avvicina, esprimendosi con la stessa intensità con cui aveva guardato l'universo ancora senza volto. Ma quella scelta tremenda per il sì o il no, che urge la differenza tra l'uomo e il sub-uomo, è come esasperata da un fattore sperimentale che si può considerare il contenuto supremo dell'esperienza dell'uomo: la caducità, ovvero il senso della contingenza. L'espressione in questo senso più bella di tutta la sua opera poetica è quella che ha intitolato *Sacchi a terra per gli occhi*:

> [...]
> *Qualunque cosa tu dica o faccia*
> *C'è un grido dentro:*
> *Non è per questo, non è per questo!*
>
> *E così tutto rimanda*
> *A una segreta domanda:*
> *L'atto è un pretesto.*
>
> [...]
> *Nell'imminenza di Dio*
> *La vita fa man bassa*
> *Sulle riserve caduche,*
> *Mentre ciascuno si afferra*
> *A un suo bene che gli grida: addio!*

C'è soltanto in qualche pagina di Montale una drammaticità così più suggestivamente espressa, laddove in *Forse un mattino andando in un'aria di vetro*, il poeta fissa «il nulla alle mie spalle», e «il vuoto dietro / di me, con un terrore di ubriaco»[3]. *E giunge l'onda, ma non giunge il mare* titola Rebora un suo testo. C'è come un distacco incolmabile tra l'onda e il mare. Lo sguardo dell'uomo, l'abbraccio del cuore dell'uomo ha bisogno del mare, e non gli giunge che la goccia, che un'onda.

È tale il senso di caducità che l'incombenza di Dio oramai assume l'aspetto di un volto in primo piano, ma rimane, pur essendo così in primo piano, un Dio nascosto, inafferrabile.

La poesia che ora leggo, *Il pioppo*, Rebora l'ha scritta dal suo letto di dolore, dove visse la sua ultima lunga malattia, vedendo davanti alla finestra un'unica cosa, «il pioppo severo». Essa esprime però un itinerario ben più lungo.

> *Vibra nel vento con tutte le sue foglie*
> *il pioppo severo:*
> *spasima l'anima in tutte le sue doglie*
> *nell'ansia del pensiero:*
> *dal tronco in rami per fronde si esprime*
> *tutte al ciel tese con raccolte cime:*
> *fermo rimane il tronco del mistero,*
> *e il tronco* [della realtà] *s'inabissa ov'è più vero.*

Il Dio nascosto, «l'evanescente Dio» – come dirà in un altro brano – è il livello ove «il tronco della realtà» si inabissa, è il vero. Allora, tutta quanta l'energia che l'uomo Clemente Rebora poneva nella collaborazione alla realtà che valutava essere positiva, lentamente si polarizza nella tensione alla ricerca del volto di questo Dio nascosto.

[3] E. Montale, «Forse un mattino...», in *Tutte le poesie*, Mondadori, Milano 1990, p. 42.

La sua vita diventa tensione a togliere il più possibile i veli di questo nascondimento, tensione a Dio.

Voglio leggere i due brani che mi sembrano i più belli di tutta la sua opera. Il primo è intitolato *Gira la tròttola viva*.

> Gira la tròttola viva
> Sotto la sferza, mercé la sferza;
> Lasciata a sé giace priva,
> Stretta alla terra, odiando la terra;
>
> Fin che giace guarda il suolo;
> Ogni cosa è ferma,
> E invidia il moto, insidia l'ignoto;
> Ma se poggia a un punto solo
> Mentre va s'impernia,
> E scorge intorno, vede d'intorno;
>
> Il cerchio massimo è in alto
> Se erige il capo, se regge il corpo;
> Nell'aria tersa è in risalto
> Se leva il corpo, se eleva il capo;
>
> Gira,– e il mondo variopinto
> Fonde in sua bianchezza
> Tutti i contorni, tutti i colori;
> Gira, – e il mondo disunito
> Fascia in sua purezza
> Con tutti i cuori, per tutti i giorni;
>
> Vive la tròttola e gira,
> La sferza Iddio, la sferza è il tempo:
> Così la trottola aspira
> Dentro l'amore, verso l'eterno.

E subito dopo, la poesia più bella di tutte: *Dall'imagine tesa*. Il mondo è come un'immagine che fa tendere, che chiama a qualcosa d'altro.

> *Dall'imagine tesa*
> *Vigilo l'istante*
> *Con imminenza di attesa –*
> *E non aspetto nessuno:*
> *Nell'ombra accesa*
> *Spio il campanello*
> *Che impercettibile spande*
> *Un polline di suono –*
> *E non aspetto nessuno:*
> *Fra quattro mura*
> *Stupefatte di spazio*
> *Più che un deserto*
> *Non aspetto nessuno:*
> *Ma deve venire,*
> *Verrà, se resisto*
> [se sono coerente con la mia natura]
> *A sbocciare non visto,*
> *Verrà d'improvviso,*
> *Quando meno l'avverto:*
> *Verrà quasi perdono*
> *Di quanto fa morire,*
> *Verrà a farmi certo*
> *Del suo e mio tesoro,*
> *Verrà come ristoro*
> *Delle mie e sue pene,*
> *Verrà, forse già viene*
> *Il suo bisbiglio.*

Ma questa tensione, che porta dunque Rebora in un impegno religioso prevalente su ogni altro impegno, anzi in un impegno religioso che penetra ogni altro impegno della sua vita, gli fa percepire sempre più potentemente come ci sia, tra l'uomo che ricerca e il Dio ricercato, una condizione triste, lui dice umiliante, che è la morte: «L'umiliante decompormi vivo / sia l'indizio del Tuo vitale arrivo». Essa non è più un dato solo negativo, la sua tristezza è l'ardore dell'attesa di un assente, come accennava san Tommaso d'Aquino. «L'umiliante decompormi vivo / sia l'indizio del Tuo vitale arrivo.» L'uomo è torchiato nella solitudine, perché in questo umiliante decomporsi vivo l'uomo è solo, ed è solo, torchiato nella solitudine anche in questa forza virtuosa che traduce la decomposizione in segno di un assente desiderato che si avvicina.

Ma tutto ciò apre un altro elemento che emerge dalla poesia di Rebora e che è il discorso proprio di tutta la sua produzione dopo la conversione. Come il sole domina il panorama della realtà effimera, la croce domina il panorama della realtà che non finirà più. Sembra una contraddizione, un'antinomia: la croce, accettata come partecipazione al Mistero. Ma non si tratta di una affermazione che rimane astratta, disumana nella sua astrazione, pur se ne resta la tentazione. La tentazione umana, infatti, è affermare che tutto è menzogna: "E se è un'illusione?".

Vorrei leggere un brano della poesia scritta nel ventesimo anniversario della sua prima Messa: *Annunciazione*.

> [...]
> «*Ave...*» *L'Angelo è lì. Forse l'atroce*
> *Che sedusse Eva?* «*Non temer, darai*
> *Alla luce Gesù*».

Questo tormento di Rebora è gestazione di una positività per gli altri, di una saldezza per il mondo. Occorre quell'abbandono di sé di cui il poeta parla in *Mater clementissima*. Infatti una persona «c'è», esiste, quando ha un'ultima letizia. Questa letizia nasce da un'ultima sicurezza, perché senza un'ultima sicurezza non ci può essere letizia: la sicurezza di un fatto. Un uomo è se stesso, innanzitutto per sua madre; questo è il primo fatto sicuro, un'ultima sicurezza da cui sorge la letizia. In *Mater clementissima* Rebora descrive queste cose. Dette e sperimentate attraverso la croce: «Non temere, darai alla luce Gesù». È una vita nuova che ferve in lui.

Eccoci al penultimo tema: una vita nuova nasce in lui.

Questa è la vita nuova: la pace nel dialogo con l'Essere, sicuro agli occhi, al cuore e allo spirito. La vita, pur nella croce e nel dolore, pur nella umiliante consumazione, rimane vita. Dice infatti la poesia *Da un pezzo dico: – far da concime –*, frase che Rebora amava molto, desiderando che la sua vita fosse concime del mondo:

> *Da un pezzo dico: – far da concime –*
> *Ma poi, confesso, presumo le cime;*
> *E in Dio allora affondo cuore e ingegno*
> *Per morir come re nascendo al Regno.*

Morire come re, padrone di se stesso, nascendo al Regno; per avere regalità ed essere concime del terreno di un altro. «Così il mio pregare è diventato un'invocazione» – scriverà – «muta, interna, di ogni momento»: un respiro.

Da ultimo, sembrerà strano, un tema che egli tocca qua e là, ma che sottende tutta quanta la sua espressione poetica: la poesia come missione, come afferma più ampiamente nella composizione *La poesia è un miele*. Ma questa poesia come missione s'esprime ancora meglio come un augurio nel *Frammento LXXII*:

> [...]
> *Il mio canto è un sentimento*

Che dal giorno affaticato
Le notturne ore stancò:
E domandava la vita.

[il giorno affaticato mi ha reso così stanco che anche la notte, non riuscendo a dormire, chiedevo la vita, perché non ero soddisfatto]

Tu, lettor, nel breve suono
Che fa chicco dell'immenso,

[la parola del poeta]

Odi il senso del tuo mondo:

[che io ti possa aver aiutato a capire il senso del tuo mondo]

E consentire ti giovi.

[e che tu possa essere d'accordo con quello che ti ho detto, perché quello che t'ho detto ti può veramente giovare].

4.

IL PROBLEMA DELLA CONVERSIONE IN ADA NEGRI[1]

Questa lettura intende aiutare a comprendere come avviene in Ada Negri la conversione, cioè la scoperta che tutto è atto d'amore, che tutto viene unito da questo, e che questa unità interessa anche il male, perché anche il male è vinto in questa unità. Per Ada Negri è fondamentale che tutto è esistenzialmente unito, cosicché, politicamente, segue che tutto è in pace, perché la vita sociale è la pace, e anche il male è assunto in questa unità.

Ma come è avvenuta, dunque, tale conversione?

Ciò che ha convinto Ada Negri è stato lo stupore che lei ha provato dinanzi all'unità prodotta dal fatto che l'Essere è amore, la stupefacenza e lo stupore di fronte alla natura dell'atto d'amore, alla natura dell'amore come il cristianesimo lo concepisce? Oppure l'essenza della sua conversione è stata *direttamente* dovuta all'essenza della natura dell'amore, la natura dell'amore essendo quello che noi chiamiamo "dare senza ritorno"?

Infatti, il dare senza ritorno dove va a finire se non c'è niente? Non si può dare senza ritorno, se questo dare non attinge da qualcosa che c'è. È un amore che resta senza ritorno per l'uomo, ma ritorna alla sua origine: il dare ritorna alla sua origine, che è figlia di Dio.

È chiara l'alternativa? Vogliamo identificare il punto in cui Ada Negri "soffre" la sua conversione, subisce la sua conversione. Qui non corriamo il pericolo delle frustrazio-

[1] Lettura tenuta a Gudo Gambaredo il 21 giugno 1995, in occasione di un raduno dei *Memores Domini*. Le poesie citate sono in A. Negri, *Mia giovinezza*, BUR, Milano 1995, eccetto «Notte, dolce notte», «Cielo stellato», «Nulla, Signore, io sono» tratte da A. Negri, *Poesie*, Mondadori, Verona 1956.

ni di ogni genere che i biografi dei convertiti spesso introducono nei loro pseudoromanzi; cioè la conversione non è un'opera sua, del suo sforzo morale. Vogliamo vedere se il punto esatto della sua conversione è sorpresa di quella unità di tutte le cose che ella ha sempre sognato, o è direttamente frutto del fatto che per natura sua l'essere è dono. Perché sia dono, così che poi tutto unisca, in modo onnicomprensivo, l'essere suppone un movente, nel senso di soggetto movente, la cui forza è talmente muscolosa da attirare a sé tutto.

Credo che il perno di tutta quanta la poesia di Ada Negri sia il testo che ora citiamo, *Mia giovinezza*:

> *Non t'ho perduta. Sei rimasta, in fondo*
> *all'essere. Sei tu, ma un'altra sei:*
> *senza fronda né fior, senza il lucente*
> *riso che avevi al tempo che non torna,*
> *senza quel canto. Un'altra sei, più bella.*
> *Ami, e non pensi essere amata: ad ogni*
> *fiore che sboccia o frutto che rosseggia*
> *o pargolo che nasce, al Dio dei campi*
> *e delle stirpi rendi grazie in cuore.*
> *Anno per anno, entro di te, mutasti*
> *volto e sostanza. Ogni dolor più salda*
> *ti rese: ad ogni traccia del passaggio*
> *dei giorni, una tua linfa occulta e verde*
> *opponesti a riparo. Or guardi al Lume*
> *che non inganna: nel suo specchio miri*
> *la durabile vita. E sei rimasta*
> *come un'età che non ha nome: umana*
> *fra le umane miserie, e pur vivente*
> *di Dio soltanto e solo in Lui felice.*
>
> *O giovinezza senza tempo, o sempre*
> *rinnovata speranza, io ti commetto*

a color che verranno: – infin che in terra
torni a fiorir la primavera, e in cielo
nascan le stelle quand'è spento il sole.

La sostanza di questa poesia, dal punto di vista del pensiero filosofico ed etico, come ripetiamo da venti anni, è: «Ami e non pensi essere amata»: ami senza ritorno.

Vita, potresti restare nuda come sei, non ami per bisogno degli altri. Amare, dunque, non può essere un tuo valore, innanzitutto, perché se l'essere fosse un valore da te prodotto, allora la natura del tuo soggetto come si costituirebbe? È, invece, una dipendenza totale a costituire il soggetto. Da che cosa dipende questo amore che non dipende dall'ottenere ritorno? Ogni azione, stima, attrattiva, adorazione, dipende dall'essere come tale, *da ciò che è*.

Tutta la densità della commozione testimoniata nella poesia della Negri deriva dal fatto che nella vita c'è un impeto, cioè che la vita è attraversata da un impeto d'amore, che non pensa a essere riamato. Se tu pensassi a essere riamato, un po' del soggetto sarebbe generato da te. Invece «ami» è un assoluto. Pensate che rivoluzione è questa nel rapporto tra l'uomo e la donna. È qui la radice di quel che dice san Pietro, nel Vangelo di Matteo: «Se è così, è impossibile sposarsi». Nella condizione in cui sei, non è questione di quello che immagini o ti aspetti, è questione che «ami».

Per Ada Negri il primo fattore della conversione, poiché era molto moralista, eticista come impostazione, è stato innanzitutto questo: l'intuizione, la scoperta, la Grazia di scoprire che esiste questo fatto prodigioso per cui un essere umano può amare senza pensare di essere amato, e che questo esige un pozzo infinito all'origine.

Dopo questa scoperta tutto resta al proprio posto, c'è la necessità del tempo, per sviluppare l'intuizione: «Anno per anno, entro di te, mutasti / volto e sostanza». C'è il tempo, ci sono tutte le occasioni della vita, il dolore, e così l'effimero delle cose: eppure è come una luce che dal di dentro si allarga e illuminando la vera natura dell'io, nel suo fenomeno espressivo, dinamico, tende a investire tutte le cose. Gesù è l'incarnazione di questo amore senza ritorno. L'ideale etico del cristiano è l'amore senza ritorno.

In questo testo di Ada Negri c'è però una cosa che noi non avremmo scritto mai: «[...] E sei rimasta / come un'età che non ha nome: umana / fra le umane miserie, e pur vivente / di Dio soltanto e solo in Lui felice». Questo io non l'avrei mai scritto, perché è un ultimo segno dello spiritualismo dell'inizio Novecento. "Solo Gesù", "Gesù te solo", "Cristo solo": perché? Cristo senza di te e senza la tua vita non sarebbe niente. Questo «solo» è il punto spiritualista, come se l'ideale sia Dio a discapito e a dispetto della vita, gettando un'ombra, offuscando con un'ombra eterna le cose che passano. Invece è l'opposto: anche i capelli del capo durano per sempre.

Mia giovinezza, comunque, è il momento in cui Ada Negri ha meglio intuito il motivo della sua conversione. La poetessa indica come simbolo di quel momento la giovinezza, come se solo nella giovinezza si sia in grado di amare senza essere riamati. Anche questo io non l'avrei scritto, poiché è un'astrazione: infatti, se c'è un momento egoistico nella vita, questo è semmai proprio la giovinezza.

Ma che cosa permette questo amore senza ritorno? L'uomo, in realtà, è egoista, perché pensa sempre al "ritorno". Si tratta di un "autoamore" di Dio, è l'amore dell'essere a se stesso, è il Mistero della Trinità; è lo Spirito, che procede dall'amore del Padre e del Figlio. È come se lo Spirito prendesse questa natura dell'essere e la spandesse nel vuoto universale creando il mondo. Il mondo è fatto di Trinità, è fatto di amore senza ritorno. Per questo, Dio ha fatto Adamo ed Eva perfetti e felici; il peccato è stato introdotto da una opzione successiva: è il peccato originale.

In *Mia giovinezza* vi è l'intuizione fondamentale che secondo me ha convertito Ada Negri, la percezione di un amore senza ritorno, dell'amare senza essere amato. Ma è impossibile! Ed è proprio l'esistenza di questo "impossibile" che le fa dire, come direbbe il Caligola di Camus: *l'impossibile c'è!* Per poter amare senza ritorno occorre che ci sia qualcosa che riceva l'amore, e nella Trinità chi riceve l'amore è il Figlio. Se questo amare senza essere riamato è un atteggiamento originale, l'impossibile – poiché sembra proprio impossibile amare senza essere riamati – c'è. Un impossibile c'è, quindi Dio c'è.

In questa poesia, che si intitola *Atto d'amore*, vedete l'applicazione all'uomo di questa intuizione.

> *Non seppi dirti quant'io t'amo, Dio*
> *nel quale credo, Dio che sei la vita*
> *vivente, e quella già vissuta e quella*
> *ch'è da viver più oltre: oltre i confini*
> *dei mondi, e dove non esiste il tempo.*
> *Non seppi; – ma a Te nulla occulto resta*
> *di ciò che tace nel profondo. Ogni atto*
> *di vita, in me, fu amore. Ed io credetti*

[ogni atto di vita, in quanto dato, è stato amore puro, fatto e plasmato come amore puro, senza ritorno]

> *fosse per l'uomo, o l'opera, o la patria*
> *terrena, o i nati dal mio saldo ceppo,*
> *o i fior, le piante, i frutti che dal sole*
> *hanno sostanza, nutrimento e luce;*
> *ma fu amore di Te, che in ogni cosa*
> *e creatura sei presente. Ed ora*
> *che ad uno ad uno caddero al mio fianco*
> *i compagni di strada, e più sommesse*
> *si fan le voci della terra, il tuo*
> *volto rifulge di splendor più forte,*
> *e la tua voce è cantico di gloria.*

Or – Dio che sempre amai – t'amo sapendo
d'amarti; e l'ineffabile certezza
che tutto fu giustizia, anche il dolore,
tutto fu bene, anche il mio male, tutto
per me Tu fosti e sei, mi fa tremante
d'una gioia più grande della morte.
Resta con me, poi che la sera scende
sulla mia casa con misericordia
d'ombre e di stelle. Ch'io ti porga, al desco
umile, il poco pane e l'acqua pura
della mia povertà. Resta Tu solo
accanto a me tua serva; e, nel silenzio
degli esseri, il mio cuore oda Te solo.

Qui, nel passaggio dall'ente («Mia giovinezza») all'esistente, all'uomo che vive secondo tutta la forma della sua vita, c'è la spiegazione della possibile unità delle cose e dell'esistenza di tutti gli uomini. Il paradosso supremo s'avvera là dove è detto: «che tutto fu giustizia, anche il dolore». È vero, in questo modo di vedere l'esistenza ci sono migliaia e migliaia, infiniti numeri di esseri, un indefinito numero di esseri che entrano in questa unità, dove tutti sono amore, sono generati come amore da ciò che è amore senza ritorno. Ci fosse stato ritorno, non ci sarebbero state tutte queste cose, ci sarebbe stato solamente il pensiero dell'uomo, solo i piccoli pensieri umani.

Ma poiché mi preme che sia tutto chiaro e puro quello che di grande vi è dentro questi testi, bisogna anche riconoscere quello che invece non accettiamo. Intendo quell'ultima astrazione tipica della spiritualità di fine Ottocento-inizio Novecento, ma soprattutto ottocentesca, di influsso francese: "Cristo solo...".

«[...] fu amore di Te, che in ogni cosa /e creatura sei presente»: l'amore a Te che in ogni cosa sei presente implica l'amore alla cosa in cui sei presente. Non è una spada che divide, contraddittoriamente alla sua natura, l'eterno dal presente. Il fatto che nella singola cosa vi è la presenza del Mistero, per l'evidenza del segno (mistero e segno esistenziale sotto questo aspetto coincidono), è il contrario di quella separazione spiritualista: se dunque amo Te in questa cosa, amo questa cosa. Anzi, il modo vero di amare questa cosa è amare Te. È qui che avviene l'impossibile: amo questa cosa perché amo Te, così come amerei Te anche se questo volto non ci fosse, anche se questo panorama non ci fosse, anche se questa musica non ci fosse, anche se Leopardi non ci fosse, anche se *Il tramonto della luna* non ci fosse.

«[...] Resta Tu solo / accanto a me tua serva...» No, non «Tu solo», ma tutto. Quel «Tu solo» è autentico se implica il tutto! Se non implica tutto, non è nemmeno «Tu solo». Secondo l'ideologia spiritualista, disperse nella voragine del nulla universale ci sono tutte le cose, ci sono, ma non c'entrano con la vita di questa affezione a Cristo, e si possono azzerare mentalmente. Ideologia, appunto. Non a caso dicono che sono state le nostre nonne, poco spiritualiste, a trasmetterci la fede, e a trasmetterla così giusta che ci hanno permesso di andare avanti. Io un cristianesimo che si presentasse diverso non l'accetterei. Accetto, invece, "totalmente" Ada Negri perché l'essenza della sua conversione, al di là di taluni retaggi spiritualisti, implica quello che sto dicendo. Leggiamo, per esempio, *Notte, dolce notte*:

Forse, notte, dolce notte,
chiara per dilagar di luna piena
o fasciata d'opache ombre, o sorrisa
da maraviglia di remote stelle:
forse, notte, dolce notte,
nel mio sì lungo errar sopra la terra
io non t'ho amata come tu chiedevi.

Troppo mi piacque abbandonarmi al sole
con tutto il sangue: il suo riflesso bianco
sulla calce dei muri a mezzogiorno:
il suo caldo gocciar tra fronda e fronda
nei boschi: il suo trasfigurarsi in oro
di biade, in opulento acror di fieni.

Forse, notte, dolce notte,
ora soltanto il tuo segreto spirito
mi vince. L'ombra in cui t'avvolgi agli occhi
stanchi è pietosa. Il corso de le stelle
guida il corso dell'anima. Tu sola
rassomigli alla morte; ed è la morte
quella ch'io cerco, dopo tanta vita.
Notte, figlia di Dio,
notte, compagna estrema,
senza dolore affonderò dal tuo
silenzio a quello che non ha mai fine.

La morte è un silenzio per modo di dire. Se è silenzio, non c'è niente che grida più di quel silenzio. Normalmente è un silenzio che può giungere sino al grido, come infatti la morte di Gesù fu un grido. Questo fondersi pacifico della notte e della morte è un esempio per notare la riscossa unitaria di tutti i fattori della nostra esperienza umana.

Ma più bella ancora è *Cielo stellato*:

Nell'ombra azzurra, brulicar di stelle.
Non lume ai campi. Tutto lumi il cielo.
E più gli occhi v'immergo, e più s'accresce
quel tremolio, quel palpito, quel folle
moltiplicarsi d'astri: – e più mi perdo
nell'infinita vastità del coro
che d'angelici accordi empie gli spazi.

O stelle, e quando mai fui così vostra
come in quest'ora?

L'una canta: «Vieni»:
e l'altra: «Vieni»: e tutte: «Vieni, vieni,
anima innamorata della morte
ch'è vita eterna». – Or io vi prego, o stelle,
che alcuna fra di voi scenda stanotte
a raccoglier di me ciò che la terra
non può rapirmi; e via di fuoco in fuoco
mi porti al Dio che mi creò: ch'io possa
mirare il Volto ed ascoltar la Voce.

Nel successivo testo, *Nulla, Signore, io sono*, anche quelli che sembrano gli aspetti più negativi, pessimisti, nel guardare se stessi sono oggetto di riscossa! Spesso, invece, ci accontentiamo di tale pessimismo come se fosse accontentarsi di una verità, ci accontentiamo del nostro sentirci incapaci od inutili, o nulla.

Nulla, Signore, io sono
su questa terra. Nulla è questa terra
nell'universo. Ed io non so di dove
vengo, né dove andrò: tenebra fonda
prima che il tuo voler qui mi chiamasse,
cieca speranza nella tua clemente
misericordia, oltre il traguardo estremo.
Unica realtà questo mio nulla
che avanza in solitudine su angusto
ponte sospeso fra due sponde ignote:
e sotto ondeggia e rumoreggia il fiume
che non ha foce, e sopra ardon nei cieli
parole incomprensibili di stelle.
Che vuoi da me? Qual dono
chiedi alla mia miseria, e di qual luce

folgorerai l'anima mia, nel giorno
ch'ella in Te rivivrà?

Ma tu giammai
ti scopri. Ed è nel tuo pensiero occulto
ch'io più ti cerco e imploro: è in quest'angoscia
di sapere da Te ciò che m'ascondi
ch'io forza attingo per amarti – e il mio
tormento è grande come il tuo silenzio.

Bella! Ed ecco l'ultima poesia che vorrei leggere, *La verità*:

A Te solo non posso
celarmi. Oscuro smisurato è il fondo
dell'essere. Non v'ha pupilla umana,
s'io lo nascondo, che a scrutarlo arrivi.
Ma nulla al tuo tremendo
potere è tolto. Sta l'anima ignuda
sotto il divino sguardo
che la trapassa: e il non aver difesa
gioia le dà, se pur vergogna e pianto
delle sue colpe. Mai sì forte io t'amo,
Signor che tutto sai, come nell'ore
in cui più sento che di me non fugge
al tuo giudizio un palpito, un pensiero,
un affanno, un rimorso – e la mortale
mia verità riflessa è nello specchio
della tua luce eterna.

Questa poesia è un moto proprio autentico. La grande
unità, qualunque sia la partenza di Ada Negri, viene dal-
l'aver scoperto che c'è un amore, che è possibile un amore senza ritorno, che l'impossibile diviene possibile. C'è
dunque l'impossibile, e c'è la realtà che lo raccoglie, che
lo accoglie, fatta della stessa fattura: tutto è amore, è atto

d'amore. La partenza per la conversione è quanto contenuto in *Mia giovinezza* o quanto espresso in *Atto d'amore*. Di fatto il punto centrale è nella scoperta che tutto è atto d'amore; Ada Negri, cioè, capisce che tutto è atto d'amore di qualcosa che sta al di là del figlio, della patria terrena, anche del suo corpo, del suo ceppo, al di là: è amore di Te...

Tutto celebra questo amore che unisce. L'immagine delle stelle è la più bella di tutte. Una stella dice «vieni!», e l'altra dice «vieni!», e l'altra ancora dice «vieni!», tutte le cose sono raccolte da questa voce che emana da ognuna di esse. L'universo, tutto convertito in una cosa sola. Fino a raggiungere il paradosso supremo che questa poesia indica: «A Te solo non posso / celarmi». È la stessa posizione del salmo 139: «Signore, tu mi scruti e mi conosci!».

«Oscuro smisurato è il fondo / dell'essere» scrive Ada Negri. E si è presi come da sgomento: "ma!", "chissà!".

«Ma nulla al tuo tremendo / potere è tolto.» Ma nulla è tolto al tuo tremendo sguardo: qui è la descrizione del livello ultimo a cui giunge la misericordia dell'Essere, cioè l'amore senza ritorno.

L'amore senza ritorno, quello che Péguy attribuisce a Gesù su Giuda, il grido che Gesù elevò al cielo, il grido di disperazione per non potere salvare Giuda.

«Sta l'anima ignuda / sotto il divino sguardo / che la trapassa»: quello sguardo è più profondo ancora che neanche il livello della mia anima, pur quando io possa aver peccato – «[...] e il non aver difesa [che scusa porto?] / gioia le dà»: è una gioia che non dipende da lei, ma è il non aver difesa, che è l'estrema verità su di sé, a far apparire nuda e cruda la natura dell'essere che si esprime come gioia, che è amore senza ritorno e che esistenzialmente investe la vita come gioia. È realistica questa successione: «[...] se pur vergogna e pianto / delle sue colpe»; non è che uno piange e poi gli viene una gioia. Prima è perdonato e poi dentro la pace del perdono sperimenta la vergogna e il pianto per la propria distrazione. Queste sono verità che se si esperimentano si capiscono, se non si esperimentano non si capiranno mai.

«[...] Mai sì forte io t'amo, / Signor che tutto sai, come nell'ore / in cui più sento che di me non fugge / al tuo giudizio un palpito, un pensiero, / un affanno, un rimorso – e la mortale / mia verità riflessa è [come quando un padre abbraccia il figlio, il figlio è uno specchio del volto del padre. Qui, invece, accade l'inverso] nello specchio / della tua luce eterna.»

Il padre diventa come lo specchio della faccia del figlio, diventa come il figliol prodigo, assume la faccia del figliolo: Dio diventa il figliol prodigo.

5.

LA FORMA DELL'IO: DANTE E SAN PAOLO[1]

Questo nostro popolo, questa Chiesa, questa compagnia per cui vale l'alzarsi, il mangiare, l'andare a lavorare, il chiedere, il pregare, il riposare, il parlare, il giocare, l'addolorarsi e il gioire – questa compagnia vale tutto questo, perché altrimenti l'«io» sarebbe una nota gridata nel vuoto del tempo –, questo popolo da cui trae significato la mia azione è «uno»: è un «uno» misterioso, è corpo misterioso di Cristo, misterioso, ma di Cristo. Questo *eis*, questo «uno» di cui parla san Paolo, è Cristo ed è «uno» che si compie in tutti gli «io», in tutte le persone che il Padre gli dà nelle mani e che, mettendole nelle Sue mani, unisce una all'altra facendole diventare una cosa sola. È «uno»: io amo Cristo nella compagnia. Solo *dalla* compagnia e *nella* compagnia io posso dire: "Ti amo, Cristo". Io, attraverso la testimonianza da dentro la vita normale, vivendo la vita normale nella coscienza d'appartenere a Cristo e, quindi, nella coscienza di essere un popolo, una compagnia, non vivo la mia vita normale come «io»: vivo la mia vita normale come compagnia. Poiché questo può essere realizzato solo in Cristo, allora la mia vita normale, vissuta nella compagnia, è testimonianza di Cristo.

«Tu l'unico, Tu che segui il cuore e che proteggi le / radici della nostra crescita – / Tu nella moltitudine delle parole hai portato unità», così dice una poesia del Papa[2].

«Tu l'unico, Tu che segui il cuore e che proteggi le /

[1] Meditazione svolta nell'ottobre 1992 in occasione della «Professione» di alcuni membri dei *Memores Domini*

[2] K.Wojtyła, *Entro nel cuore del dramma...*, San Marco Libri, Bologna 1991, pp. 45-46.

radici della nostra crescita – [tu che segui questo impeto inesauribile con cui io prendo rapporto con tutto e, quindi proteggi le radici della mia crescita; tu l'unico che puoi far questo] / Tu nella moltitudine delle parole [dei nostri nomi] hai portato unità.»

È in questa unità che Cristo si testimonia per Colui che è il nostro salvatore, per Colui che è la nostra salvezza, dunque, per Colui che è la nostra vita: Io sono la via, la resurrezione, la vita.

«Come amico mi perdona / se troppa sicurtà m'allarga il freno, [come amico mi perdoni se ti tratto come un compagno di cammino, se ti tratto liberamente] / e come amico omai meco ragiona [come amico io parlo con te, ragiono con te] / ... [così che] Ogne tuo dir d'amor m'è caro cenno [ogni istante – è l'istante in cui l'Essere mi dice, mi chiama – della vita normale diventa norma, rivela la norma del nostro camminare, della nostra scelta e, perciò, della nostra libertà per cui io amo ogni istante attraverso cui mi parli]» (*Purgatorio* XXII, 19-21, 27).

È «...la fede, sanza qual ben far non basta» (*Purgatorio* XXII, 60). Senza appoggiarmi a te, senza identificarmi con te, fare il bene non basta. Non basta perché non è fare il bene: resta un'azione nell'isolamento, come scomporre una poesia per sillabe o per parole, distruggendone il senso.

Perfino in questi istanti normali, «l'ora / del buon dolor ch'a Dio ne rimarita», dice ancora Dante nel *Purgatorio* (XXIII, 80-81). A Dio mi «rimarita»: mi rende una cosa sola con Dio, mi fa aderire a Dio come una sposa aderisce allo sposo; anche nell'ora del dolore, che così diventa bene.

E tutto questo – la vita dell'io come amicizia, la libertà come quella che un bambino ha con suo padre e sua madre, il trattar Dio con amicizia, parlandogli come si suole parlare a un amico (soltanto di Mosè fu detto questo, una volta); l'amore cui ogni istante diventa l'invito; e l'abbandono amoroso, l'adesione affettiva; questa fede senza della quale non basta il far bene; e perfino questo dolore che diventa buono, tanto da farmi risposare in Dio, da riaderire a Dio, al mio Destino più profondamente –, tutto questo desta ammirazione.

La mia persona diventa oggetto di ammirazione per chi s'accorge di come è: «Ammirazione / traean di me, di mio vivere accorte» (*Purgatorio* XXIV, 5-6); anche se il significato originale ha un altro contesto, possiamo a questo punto recitare adeguatamente questo brano di Dante.

Ammirazione! L'io diventa così protagonista nella vita normale, e desta ammirazione a chi se ne accorge, a chi lo guarda. Per chi lo guarda diventa oggetto di ammirazione.

Qual è la caratteristica che chi guarda sottolinea come motivo di ammirazione? Ciò che abbiamo detto prima: quell'amicizia da bambini, quell'amicizia di un amico che parla all'amico, quell'amore che tende a diventare ogni istante di tempo, così che ogni momento normale diventa fede, cioè amore affermato, adesione affermata tanto che perfino il dolore fa diventare più profondi amici di Dio, sprofonda dentro l'amore a Dio: «l'ora / del buon dolor ch'a Dio ne rimarita».

L'ammirazione registra un altro fattore della nostra persona, un fattore che non è possibile trovare in altre persone: la testimonianza della gioia. La nostra persona diventa gioia per Cristo: «Tutti sem presti / al tuo piacer, perché di noi ti gioi» (*Paradiso*, VIII, 32-33). «L'alta letizia / che 'l tuo parlar m'infonde, segnor mio» (*Paradiso*, VIII, 85-86). Una letizia che fa chiaro tutto, perché la chiarezza della verità appare solo nella letizia: «Fatto m'hai lieto, e così mi fa chiaro» (*Paradiso*, VIII, 91).

È una gioia che permane, vive, si alimenta nella perfetta consapevolezza del proprio limite; non del limite originale, del limite dell'essere creature, ma del proprio limite come cuore. Il mio cuore chiamato a te, o Cristo, è pieno di limite: tu lo ami e il mio cuore non ti risponde con altrettanto amore. Per questo il mio cuore è tutto pieno di attesa, di un'attesa che non può evitare un ultimo tremore, non un'ultima dubbiezza, ma un ultimo tremore. Ed il cuore ha bisogno che il Signore gli dica: "Fa' questo, fa' quest'altro...". Ha bisogno che Cristo diventi norma, forma della normalità. Quell'amicizia, quella fede, quel dolore offerto, se sono l'origine dell'ammirazione altrui, sono anche testimonianza del fatto che non nascono da una spontaneità definitiva: Cristo diventa norma della nostra vita, deve dirci parola per parola quello che di ora in ora dobbiamo fare. Attraverso il suo Spirito egli domina, così, il nostro camminare.

«Già non attendere' io tua dimanda, / s'io m'intuassi, come tu t'immii», dice con una frase potente, strapotente, Dante (*Paradiso*, IX, 80-81), tutta quanta nata dalla frase di san Paolo: «Vivo, non io; sei Tu che vivi in me. Così che pur vivendo nella carne [nella normalità] io vivo nella fede del figlio di Dio, il quale mi ha amato e ha dato se stesso per me»[3]. Ma mi devi chiedere, mi devi domandare, Signore mi devi richiamare, così che io diventi te come tu sei diventato me: «s'io m'intuassi come tu t'immii».

Questa è, comunque, la grande norma – fratelli miei che dovete oggi fare la "Professione"[4] – per cui la vostra appartenenza alla compagnia che rende Cristo presente è proposta al mondo attraverso la vostra testimonianza, questa è la regola che per i "chiamati" definisce il compito quotidiano: non "fare questo o quest'altro", ma «intuarsi», renderci «tu», così come Egli è diventato nostro, come Egli è diventato uomo, è diventato te, perché chiamandoti è di-

---

[3] Cfr. Gal 2, 20
[4] Nell'esperienza dei *Memores Domini*, la «Professione» è l'impegno per tutta la vita ad aderire a quegli ideali in cui la Chiesa tradizionalmente ha identificato la realizzazione dell'umanità vera, quella cioè generata dalla morte e resurrezione di Cristo e continuamente rinnovata nel Battesimo. I *Memores Domini* sono coloro che vivono la dedizione a Cristo e alla Chiesa nella verginità.

ventato te. Come dice san Paolo: «Vivo, non io; sei Tu che vivi in me. Così che pur vivendo nella carne io vivo nella fede del figlio di Dio, il quale mi ha amato e ha dato se stesso per me».

Tu accetti e desideri di amarlo: da' te stesso per lui.

Non c'è nessun'altra ragione del passo che compirete oggi e che vi farà naufragare nel profondo di quella compagnia che nella storia, irresistibilmente, porta in sé la testimonianza al Mistero che fa tutte le cose, la testimonianza al mistero della Trinità, in cui il Padre, il Figlio e lo Spirito Santo si rivelano creatori, salvatori, perfezionatori e creatori di felicità per l'uomo.

Questo è l'augurio con cui voi dovete iniziare ogni vostra giornata più intensamente e coscientemente d'ora in avanti: l'augurio di essere uomini incidenti sulla storia, pieni di contatto con la realtà, attraverso l'obbedienza alla norma che Cristo diventa – attraverso la comunità in cui vi colloca – per la normalità della vostra giornata; che diventiate lui, che desideriate di diventare lui; che io desideri, Signore, diventare te come tu sei diventato me.

Un'ultima aggiunta a questo scorcio che abbiamo tratteggiato. Può sorgere continuamente sul nostro cammino un'ostinazione a non vedere, che assume come pretesto i peccati e la cattiveria dei tempi.

È l'atteggiamento che descrive la Bibbia: «Chiamati a guardare in alto, nessuno sa sollevare lo sguardo»[5], perché si assumono come pretesti i peccati e le cattiverie dei tempi.

La premessa di tale atteggiamento definisce il modo di guardare alla compagnia in cui Cristo ci ha chiamati. Può esserci uno scetticismo che sta accanto all'origine della domanda stessa, a quel tremore della domanda, cui accennavo poco fa.

[5] Cfr. Os 11, 7.

Se la compagnia ha origine in un'iniziativa divina, lo sguardo che devo imparare è quello della compagnia stessa. Dunque la grazia che io devo chiedere è di imparare interamente lo sguardo della compagnia in cui Cristo mi ha chiamato.

Qual è l'errore? Accusare la nequizia dei tempi, i peccati e la cattiveria dei tempi, così che, chiamati a guardare in alto, nessuno sa sollevare lo sguardo. L'errore è qui: si pretende che il divino si manifesti, ma non dentro la carne della banalità quotidiana; si pretende che il divino non possa manifestarsi dentro la carne della banalità quotidiana.

L'obiezione alla nostra immedesimazione con la comunità, con la compagnia nella quale risulta esistenzialmente realizzato il nesso con Cristo, con il Mistero della Chiesa, ha questo errore in noi. È ciò che dobbiamo combattere in tutti i modi, non pretendendo che per essere chiamati da Cristo e per vivere la compagnia che Lui ci dà, si debba essere senza carne, difettosa e mortale, peccatrice e dolorante, senza carne imperfetta.

No! La compagnia, il popolo che Dio ha scelto è fatto di carne nella sua banalità più meschina, è fatto di carne nella sua incapacità più manifesta, nella sua peccaminosità umiliante. Dio ha scelto come strumento del comunicarsi della sua verità, da Adamo ed Eva in poi, una carne peccatrice e mortale. Questo deve riempirci di stupore e non, invece, farci preoccupare di moltiplicare le regole da osservare.

La norma che Cristo è per la nostra normalità, nella compagnia diventa un semplice *seguire*. La norma che Cristo è, perché la normalità della nostra vita lo testimoni, perché la nostra vita sia veramente una con la vita della compagnia sua, del popolo da lui scelto, è un seguire.

Questo è il grande delitto: sostituire allo stupore la ricerca animosa, personalistica, di leggi, essere triturati dal conflitto di leggi cui obbedire e da subire, mentre tutto si svolge e fiorisce nel tempo attraverso una sola regola, che è il seguire.

In una compagnia si segue. In questa sequela la nostra personalità diventa profondamente incidente sulla terra degli uomini: sul tempo, nello spazio e nell'umanità.

Il gesto, perciò, che state per compiere richiede una cosa sola: che abbiate a seguire, così da poter dire sempre più veramente: «Vivo, non io; sei Tu che vivi in me», attraverso ciò che mi viene detto e richiesto, attraverso ciò cui sono sospinto dall'esempio che mi circonda o dalla parola che mi richiama, anche se l'esempio non è mai compiutamente persuasivo e anche se la parola non è mai compiutamente buona nel modo con cui è detta.

6.

MONTALE, LA RAGIONE E L'IMPREVISTO[1]

Innanzitutto, con quasi impetuoso accento, sottolineo il primo valore che l'educazione cristiana mi sembra abbia sollecitato la mia anima a capire e il mio cuore a cercare di vivere. L'educazione conferma fino alla «certezza» – ed è la più gran fortuna che ci possa essere, perché è solo la certezza la roccia su cui si può costruire –, l'educazione conferma e svolge l'uomo secondo il suo *assetto originale,* cioè, perdonate la traduzione, l'uomo «così come Dio l'ha fatto», fattura comune a tutti: se vado tra gli eschimesi, se atterro a Buenos Aires, ci sono accenti della voce di mia madre che, debitamente pronunciati, adeguatamente tradotti, sono identici, rivelano *un identico.* Di fatto, il «cuore» dell'eschimese, dell'argentino o del brianzolo è identificabile come esigenza di verità, di bellezza, di bontà, di giustizia, di felicità.

Non sono parole banali per il mio animo, tanto che non capirei l'uomo, mio fratello, se non a livello di questo denominatore comune. *Satisfieri* e *perfici,* l'idea di soddisfazione totale (la soddisfazione o è compiuta o non è soddisfazione) e di perfezione molto opportunamente indicano in fondo la stessa cosa: il destino, cioè, è già immanente al dato originale. «Cuore», biblicamente, definisce così il criterio ultimo di verità per l'uomo e per identificare il suo

[1] La presente lettura è frutto di due pubbliche conferenze: l'una tenuta in Bassano del Grappa, nell'ottobre 1995, in occasione del conferimento a monsignor Luigi Giussani del Premio Nazionale «Medaglia d'Oro al merito della Cultura Cattolica» e l'altra a Bologna, in occasione di una Conferenza d'Ateneo a cui monsignor Giussani è stato invitato dal Rettore, nel mese di novembre dello stesso anno, a parlare su «Il rischio educativo».
I testi di E. Montale sono in *Tutte le poesie,* Oscar Mondadori, Milano 1990.

fine. Pretenderemmo così tradurre o interpretare l'*adaequatio rei et intellectus* di san Tommaso[2].

È riconoscendo questo che la realtà assurge in me alla dignità di essere personale. Vale a dire: la realtà, la realtà "reale", realisticamente affrontata, a un certo suo livello sviluppa una trasparenza, una coscienza di sé, tale che essa vige come esperienza dell'io, dice «io»: tensione e ricerca, come ho detto, di soddisfazione compiuta, di perfezione intera. L'affermare questo, lo sperare in questo – meglio –, l'attendere questo, senza presunzione, senza impazienza, identifica l'«io». E, come il dato originale, così la sua completezza finale non può che essere *data*.

L'effimera apparenza urge un rapporto con l'infinito. «Infinito»: non raggiungibile, la realtà in quanto non raggiungibile dal metro proprio dell'uomo, dalla capacità di misura che è in me. Ma, allora, perché ne parlo? Perché di fronte a qualsiasi incontro, in qualsiasi incontro – qualsiasi, di qualsiasi natura esso sia – io corro per ogni metro a sorprenderne i fattori, ma quando ho fatto tutto il giro, per così dire, sento, percepisco, mi imbatto in una insoddisfazione che dice: «Più in là!». Lo esprime bene Montale in una sua poesia: «Sotto l'azzurro fitto / del cielo qualche uccello di mare se ne va; / né sosta mai: perché tutte le immagini portano scritto: / "più in là"»[3].

Quel "punto di fuga", quel punto in cui la realtà diventa segno di *altro* e per cui la conoscenza di qualsiasi cosa segnala l'insopprimibile esigenza di qualcosa d'altro *oltre* i fattori razionalmente enucleabili e dimostrabili. La *ratio*, la ragione non decifra il Mistero, ma rivela il segno della Sua presenza in ogni esperienza umana. Affermava Dante: «Ciascun confusamente un bene apprende / nel qual si queti l'animo, e disira; / per che di giugner lui ciascun

[2] «Isaac dicit, in libro *De Definitionibus*, quod veritas est adaequatio rei et intellectus», San Tommaso, «De Veritate», in *Summa Theologiae*, q. XVI, art. 2.
[3] E. Montale, «L'agave su lo scoglio», in *op. cit.*, p. 73.

contende»[4]. Non mi sembra di essere ingenuo nell'entusiasmo per la lettura, sempre dantesca, del destino umano come «luce intellettual, piena d'amore; / amor di vero ben, pien di letizia; / letizia che trascende ogne dolzore»[5]. Ché, se è destino, non ne può mancar traccia nell'apertura del mio cuore e nell'attenzione della mia sensibilità o del mio paragone oggi: c'entra con una fine, con il fine, quello che c'entra con l'ora, con ora. Il segnale de *Il pensiero dominante* di Leopardi o il suo canto ad *Aspasia* sono stati per me, adolescente, l'imperfetto, ma reale anticipo sperimentato di quel fine.

Eppure non mi sembra contraddittorio, né conferma di una ingenuità, il fatto che anche io, come Leopardi, «anima ferita dalla discorde vita», sono, nel vario assalto del vento del tempo, investito dalla grande tentazione di ridurre l'apparenza della realtà a nulla, a negazione della stessa realtà. Questa tentazione è resa più familiare e imponente dall'atmosfera di un mondo – perdonate – incivilmente ostile, fino alla vessazione, di fronte a un'educazione cristiana con le sue ipotesi di lavoro. Anche io sono come Montale: voltandomi, guardando con riflessione («ri-flessione») le cose, mi sento come se tutto fosse vuoto, «il nulla alle mie spalle, [...] con un terrore di ubriaco», così da essere tentato di andare avanti, di camminare ancora, «zitto / tra gli uomini che non si voltano [che non riflettono mai; anche quando sono accaniti nell'analisi, è come se non riflettessero mai ciò che *è*], col mio segreto»[6]. Questa tentazione è un segreto che mi porto dentro, come il grande Montale.

Questa tentazione, ho detto, è facilitata là dove l'ambiente mondano e la convivenza sono turbati da una insofferenza verso l'ipotesi cristiana. Ma donde a sua volta que-

---

[4] Dante, *Purgatorio*, XVII, 127-129.
[5] Dante, *Paradiso*, XXX, 40-42.
[6] E. Montale, «Forse un mattino andando in un'aria di vetro», in *op. cit.*, p. 42.

sta insofferenza è, perché tale insofferenza può qualificare la cultura di un'epoca e non quella di un'altra?

La pretesa dell'uomo moderno di essere «misura» di tutto lo dispone, dopo l'epoca degli utopismi – proprio per salvare questa autonomia come misura e, quindi, come criterio di sé e della vita –, a una riduzione della consistenza della realtà, fino a sentirla come «l'infinita vanità del tutto» – come conclude Leopardi nel suo *A se stesso*.

Ma ecco che m'attardo su questa percezione. La più grave conseguenza operativa nella società – scusate se arrivo subito al fondo della questione, all'estremo dell'applicabilità di questa distrazione o insofferenza o presunzione – è la sostituzione dello Stato a Dio: lo Stato è come un dio provvisorio; provvisorio, ma onnipotente; o meglio, non «onnipotente», ma unica potenza determinante l'utilizzazione delle varie componenti che gremiscono il tempo e, in particolare, del fenomeno più interessante della natura, cioè lo stesso individuo umano. Mi ricordo, ad esempio, l'impressione amara che mi fece il leggere sul «Corriere della Sera», anni fa, all'epoca in cui la battaglia per l'aborto scoppiava, nell'ultima colonna a destra, un articolo del grande, pur grande, Italo Calvino. Vi sosteneva che l'individuo umano deve lo stesso suo valore di persona allo Stato. Cos'è dunque la persona? È il frutto di una educazione programmata dallo Stato.

L'educazione conferma e svolge il cuore dell'uomo, in quanto la coscienza dell'io vive come essenziale esigenza di una totalità. Per cui un punto meno del tutto non appaga la mia ricerca, cioè non appaga il mio «cuore», direi biblicamente traducendo la cosa. L'unica analogia adeguata è quella del rapporto io-tu, quando l'io si trova di fronte a un tu, riflesso, ben consapevolmente detto, pronunciato: non c'è niente che induca di più alla venerazione, alla devozione, alla adorazione, che dire «tu» in modo riflesso, consapevole. Per questo l'educazione risulta, per ciò che mi fu insegnato, per quello che insegna l'educazione cristiana, «*introduzione alla totalità del reale*». Lessi questa frase cinquant'anni fa per la prima volta, nel libro di un teologo abbastanza noto in Germania, Jungmann: introduzione alla totalità del reale come oggetto proprio dell'io[7]. Il confine ultimo, l'orizzonte ultimo cui l'io tende come suo oggetto intero è la totalità del reale, il reale nella sua totalità, o il reale secondo tutti i suoi fattori.

La seconda cosa che voglio sottolineare è il disagio che mi invade, il disagio che sono stato educato a sentire, quando una cultura realizza come sue premesse o sua definizione l'abolizione della *categoria della possibilità*, ossia della possibilità che esista nella realtà – al di qua o al di là del confine cui la forza umana può arrivare – qualcosa che risponda, corrisponda alla natura della esperienza dell'io: una totalità di risposta. Ecco, infatti, il punto della contraddizione tra il mio cuore cristiano e l'ardita, appassionata analisi mondana. Leggo un brano di Rorthy: «Non vi è niente nel profondo di noi se non ciò che noi stessi vi abbiamo messo; nessun criterio che non sia stato creato da noi nel corso di una pratica, nessun canone di razionalità che non si richiami ad un tale criterio, che non sia l'osservanza delle nostre stesse convenzioni»[8].

Per me, nessuna interazione concepita, comandata, attuata da qualsiasi potere di uomini, anche concordanti in partito o al governo, può impedire la grande «ruina» della realtà del reale, della consistenza del reale avvertita e diffusa nella nostra epoca, identificabile magari col nichilismo di Moravia, il quale definisce la realtà come «insufficiente», cioè, come dice lui stesso, «incapace di persuadere della sua effettiva esistenza» – o, addirittura, con la di-

[7] J. A. Jungmann, *Christus als Mittelpunkt religiöser Erziehung*, Freiburg I.B. 1939, p. 20.

[8] R. Rorthy, *Consequences of Pragmatism*, Minneapolis 1982, p. XLII.

stanza che si crea, infinitamente negativa, tra le mani dell'uomo e la realtà, come descrive Sartre: «Le mie mani, cosa sono le mie mani? La distanza incommensurabile che mi divide dal mondo degli oggetti e mi separa da essi per sempre».

È l'interpretazione della realtà come nichilismo.

Rileggo la poesia di Montale, forse la più bella poesia italiana della prima metà del secolo:

> *Forse un mattino andando in un'aria di vetro,*
> *arida, rivolgendomi, vedrò compirsi il miracolo:*
> *il nulla alle mie spalle, il vuoto dietro*
> *di me, con un terrore di ubriaco.*
>
> *Poi come s'uno schermo, s'accamperanno di gitto*
> *alberi case colli per l'inganno consueto.*
> *Ma sarà troppo tardi; ed io me n'andrò zitto*
> *tra gli uomini che non si voltano, col mio segreto.*

È l'effimero delle cose: oggi ci sono, domani non più. È la scoperta che tutte le cose sono niente: «Il vuoto dietro / di me, con un terrore di ubriaco». Ma la stessa, identica esperienza che si descrive in Montale è l'esperienza del mistico religioso cristiano che, vedendo le cose così concrete – la faccia così afferrabile, il corpo così abbracciabile, il cielo e la terra così evidenti nel loro grande spazio –, dice: «Com'è grande il mondo, com'è potente la realtà; permanente è la realtà, niente può vincere la realtà. Eppure tutto quello che vedo domani non ci sarà più! Allora la realtà è tutta segno della parola di un Altro. È un Altro che io stimo, amo, ascolto, servo, che riconosco continuamente e sempre di più. Un Altro: è il Mistero che sta dietro». Il mistico vede in ogni cosa il Mistero che crea la cosa, che la sta facendo all'istante. Come una madre che guarda il suo bambino e pensa che la mano di Dio lo sta facendo in quell'istante. Chiedevo ai ragazzi a scuola: "Ha ragione Montale o ha ragione il mistico?". Ha ragione il mistico, perché le cose ci sono! Non si può spiegare una cosa che c'è riducendola a zero, dicendo che non c'è, che è niente.

Ma la nostra non è solo un'epoca di spavento per questa solitudine, ben difficilmente traducibile in termini eroici. È l'epoca anche dell'odio distruttore di Nietzsche – «questo ardente desiderio del vero, del reale, del non apparente, del certo, come lo odio» –, o, al polo opposto, della tragica impotenza di Montale – «Forse un mattino andando in un'aria di vetro, / arida, rivolgendomi, vedrò compirsi il miracolo» –. Anche moralmente diventa impossibile agire, secondo questa ipotesi. E Malraux, infatti, non esprime solo se stesso quando scrive ne *La tentazione dell'Occidente*: «Non c'è ideale al quale noi possiamo sacrificarci, perché di tutti conosciamo la menzogna, noi che non sappiamo cos'è la verità»[9].

Così, a me pare, in una società che nega la categoria della possibilità come categoria suprema della conoscenza umana, e quindi nega la possibilità dell'esistenza di una risposta, di qualcosa che corrisponda alla natura del mio cuore, la ragione è schiacciata da un potere apparentemente oggettivo, quanto anonimo. Lo scopo operabile della persona e della società viene determinato attraverso le circostanze secondo un'ipotesi che esclude la possibilità di una soddisfazione totale, di una corrispondenza del cuore con il reale.

Mi permettano ridire una delle scoperte più impressionanti della mia vita. Ero ancora adolescente e mi dissi: "Se io nascessi con la consapevolezza che ho adesso, a quindici anni – mi immagino di uscire dal ventre di mia madre –, quale sarebbe la mia prima impressione, la prima?". Credo sia evidente per tutti: la prima impressione sarebbe lo stu-

---

[9] A. Malraux, *La tentation de l'Occident*, Bernard Grasset, Paris 1926, p. 216.

pore del "dato", della realtà, perché è evidente, in questo primo stupore, che essa non può essere frutto della mia attività. La trovo, la scopro, è un dato. Ma s'arricchisce il concetto, se, positivamente interpretato, dico: è un dono. Se amo mia madre e mio padre, se li amo, questo dato è un dono. Tutto si colora di analogia con questo rapporto immediato e grande. E pensando a mio padre e a mia madre, è veramente grande. A mio padre, che da un certo punto in poi (non ricordo esattamente: ero già seminarista, ma io sono entrato in seminario a dieci anni; ero forse in terza o quarta ginnasio), quando tornavo a casa, in vacanza, tutte le sere mi diceva: "Datti ragione di tutto". Prima di andare a letto mi diceva così. Lo salutavo e lui mi diceva: "Datti ragione di tutto", "Sta' attento alle ragioni di tutto". Lui non voleva, evidentemente, che io entrassi in seminario e mi facessi prete, date le sue convinzioni. Ma la figura di mio padre domina la mia vita. Come quando risolveva in due minuti tutti i problemi di casa – quelli immediati che fanno arrabbiare l'uomo verso la moglie, i genitori verso i figli, i figli verso i genitori – cantando un pezzo d'opera: «La donna è mobile qual piuma al vento», «Donne donne eterni dei» ecc. Lui cantava e tutto si risolveva. Non per incanto. Per virtù. Perché era programmato, era voluto.

Comunque, volevo sottolineare l'esperienza che a quindici anni ho avuto e a cui attribuisco molta importanza per le mie convinzioni di vita. Se io aprissi gli occhi uscendo dal grembo materno con la coscienza che ho adesso, la prima cosa che mi colpirebbe, la prima verità sul mondo, il primo affetto per me – e per qualunque uomo – sarebbe il dato delle cose.

In questo dato, poi, una più lunga attenzione sorprende la grande diversità: non c'è una cosa uguale all'altra. E da ultimo, come terzo livello, in questa diversità emerge il miracolo del mio io, l'enigma del mio io.

Si ripete il grido evidente che l'uomo non si fa da sé, la

realtà non si fa da sé. Per rinnegare questa evidenza, bisogna distruggere e rinnegare l'evidenza del rapporto e la familiarità con un infinito che è la consistenza ultima del reale.

Ma per questo mi permetto leggere o rileggere insieme una poesia del grande Montale (cito spesso Montale perché per me è un maestro di vita, da quando ero adolescente). Si intitola *Prima del viaggio*:

> *Prima del viaggio si scrutano gli orari,*
> *le coincidenze, le soste, le pernottazioni*
> *e le prenotazioni (di camere con bagno*
> *o doccia, a un letto o due o addirittura un* flat*);*
> *si consultano*
> *le guide Hachette e quelle dei musei,*
> *si cambiano valute, si dividono*
> *franchi da escudos, rubli da copechi;*
> *prima del viaggio s'informa*
> *qualche amico o parente, si controllano*
> *valige e passaporti, si completa*
> *il corredo, si acquista un supplemento*
> *di lamette da barba, eventualmente*
> *si dà un'occhiata al testamento, pura*
> *scaramanzia perché i disastri aerei*
> *in percentuale sono nulla;*
>   *prima*
> *del viaggio si è tranquilli ma si sospetta che*
> *il saggio non si muova e che il piacere*
> *di ritornare costi uno sproposito.*
> *E poi si parte e tutto è O.K. e tutto*
> *è per il meglio e inutile.*
>
> ....
>
>   *E ora, che ne sarà*
> *del* mio *viaggio?*
> *Troppo accuratamente l'ho studiato*

senza saperne nulla. Un imprevisto
è la sola speranza. Ma mi dicono
ch'è una stoltezza dirselo.

La *possibilità* di questo imprevisto è l'estrema punta dell'attesa della saggezza umana, della ragione matura. «Un imprevisto è la sola speranza»: è la categoria della possibilità affermata con coraggio. Montale però non la dice; l'afferma, ma non la dice, perché «dicono / ch'è una stoltezza dirselo».

Per questo, alla definizione cristiana di educazione enunciata prima – introduzione alla realtà totale come coscienza, conoscenza e amore – corrisponde l'ideale cristiano di *ragione*. La ragione è lo strumento dell'educazione: "ragione" come dinamismo irresistibile nell'io umano verso una presa di coscienza della realtà secondo la totalità dei suoi fattori.

Ma in che senso l'osservare o l'addizionare tutti i fattori, il cercare tutti i fattori di una realtà o della realtà in quanto si fa oggetto ai miei occhi e della mia indagine, in che senso questa totalità è "problema"? Lo è perché quando uno ha fatto il giro di tutto l'orizzonte della cosa, dell'oggetto, la somma dovrebbe essere adeguata: invece c'è sempre quello che coi miei amici chiamo "punto di fuga", per indicare qualcosa di sperimentabile, un aspetto dell'esperienza che l'uomo compie, che l'io compie, per cui l'orizzonte non è vagliato totalmente. È vagliato totalmente, ma non lo è ancora totalmente: è esattamente la figura del *segno*, del rimando (la realtà "rimanda-a"). Per questo Montale parla con quella parola che abbiamo sentito prima: «Un imprevisto è la sola speranza». La sola speranza è qualcosa di non misurabile. Ma la ragione, se è esigenza di conoscere la realtà secondo la totalità dei suoi fattori, deve tener conto di questo "punto di fuga", deve cioè lasciare questo interrogativo finale.

7.

L'AMORE COME GENERAZIONE DELL'UMANO[1]
Lettura de *L'Annunzio a Maria* di Paul Claudel

Il nostro movimento è nato su questo testo: lo usavo molto quando insegnavo in seconda liceo. Obiettivamente *L'Annunzio a Maria* è una delle opere più grandi che siano state scritte in questo secolo. Non è molto reclamizzato, perché non è capito, ma vi è concentrato il genio del cristianesimo cattolico. Per me rappresenta la più grande poesia di questo secolo.

Il *tema* de *L'Annunzio a Maria* si può definire così: l'amore è generatore dell'umano secondo la sua dimensione totale, vale a dire l'amore è generatore della storia della persona in quanto generazione di popolo.

La *figura centrale* del dramma è complessa ed è tradotta in tre personaggi: Pietro di Craon, Violaine, Anna Vercors.

Anna Vercors è l'anziano e rude costruttore della famiglia, della casa; è lui la guida al lavoro, che rende utile la terra.

Violaine è la figlia semplice, bella, obbediente, che sta per sposare chi suo padre ha fissato, e che è, per caso, proprio colui che a lei piace: Giacomo.

Pietro di Craon è il personaggio immediatamente più espressivo del messaggio del dramma.

Il denominatore comune di questi tre personaggi è l'amore: ma non l'amore come espressione della propria voglia; non come reattività, non come "tenerume".

Mounier, nel suo libro *L'avventura cristiana*, dice che le

---

[1] Lettura tenuta a un raduno di universitari nell'agosto del 1982. Il testo a cui si fa riferimento è la traduzione de *L'Annunzio a Maria* di Paul Claudel a cura di Francesco Casnati, Vita e Pensiero, Milano 1931.

giovani generazioni non conoscono più la distinzione tra amore e tenerezza.

Uno dei più famosi filosofi italiani contemporanei ha detto: «Terminata la violenza delle ideologie, rimane la tenerezza».

La modalità di vita della gioventù di oggi mostra la propria inconsistenza etica: la tenerezza è esattamente un'emozione reattiva, mentre l'amore no.

L'amore è: essere per, essere per l'Ideale, essere per il disegno totale, dove la bellezza e la giustizia sono salve.

Il tema de *L'Annunzio a Maria* è l'amore creativo della totalità: nella persona infatti può esserci la coscienza della realtà totale, dell'universo. Comprendendo queste cose si può capire il testo.

Anna Vercors è la radice della pianta, è un uomo che ha fatto ricchezza con il giusto lavoro; protegge la famiglia. Mantiene con il suo lavoro un monastero di suore di clausura, un atto assolutamente gratuito, che svela la grandezza del suo cuore.

Ma egli, che ha tutto, non riesce più a vivere in una Francia dove non si sa più chi sia il re, in una Chiesa dove non si sa più chi sia il Papa, in un popolo cristiano diviso, smarrito, confuso: allora prende la grande decisione, quella di andare in Terra Santa per implorare sul Sepolcro di Cristo che ritorni l'unità nel popolo, con un re e un Papa. Da notare che nel 1200 andare a fare un pellegrinaggio significava quasi sicuramente morire: pochissimi tornavano.

La totalità come dimensione della coscienza di questo uomo è già indicata dall'amore con cui la sua attenzione si astrae dai campi e dagli interessi familiari, per pensare alle «rondinelle di Dio», come le chiama, a quelle colombe che cantano sempre di meno, perché in monastero non entra più nessuno e i tempi sono tristi. Ha la percezione che la gratuità si affossi e decide di andare a morire, abbandonando la moglie, le figlie, i terreni. Questo è il primo personaggio, il seme dello sviluppo del dramma. Anna Vercors è come la radice, che si vede poco: appare in principio e scompare, per riapparire alla fine, contro tutte le previsioni.

Da una simile radice non poteva che nascere un fiore fantastico: Violaine, la protagonista più appariscente. È una donna semplicissima, la cui ricchezza è quella di rispondere con il cuore, attimo per attimo, alla domanda che il mistero di Dio le fa attraverso la vita.

La disponibilità alla sollecitazione che Dio le fa attraverso le cose è in lei ricca, intelligente, immediata. Ha la fortuna che tutto quello che Dio le chiede corrisponde a quello che ella desidera.

Dirà, nel prologo, a Pietro di Craon: «Ah, come è bello il mondo e come sono felice!».

«Non alla pietra tocca fissare il suo posto, ma al Maestro dell'Opera che l'ha scelta», le dice Pietro di Craon, che come costruttore di cattedrali sa bene dove collocare le pietre. Violaine allora risponde: «Lodato sia dunque Iddio che mi ha segnato subito il mio, e io non ho da cercarlo. E altro posto non chiedo a lui. Sono Violaine, ho diciott'anni, mio padre si chiama Anna Vercors, e mia madre Elisabetta. Mia sorella si chiama Mara, il mio fidanzato Giacomo. Questo è tutto, ecco; non c'è altro da conoscere. Tutto è chiaro all'evidenza, tutto è prestabilito, e io sono contentissima. Sono libera, non ho da preoccuparmi di nulla, ed è lui che mi guida, pover'uomo, lui che sa quel che bisogna fare!».

Ma a un certo punto questa semplice, provvidenziale, graziosa corrispondenza fra la sua tenerezza, la sua reattività di donna, il suo desiderio umano e la richiesta della vita, questa concordanza così affascinante, improvvisamente si spacca, si rompe e lei ne morirà. Così che Anna Vercors, ritornando, vecchio, contro ogni previsione, lui che doveva morire, si imbatte nella salma della figlia appena morta, di lei che doveva vivere.

Nella rottura improvvisa si mostra la logica ultima dell'impeto di Violaine. Infatti, lei era stata sempre collocata di fronte alle occasioni quotidiane, normali, ordinarie, vissute con intelligenza, con cordialità, con obbedienza pronta; imbattendosi, dunque, in una cosa eccezionale, piena di fascino e di dolore (l'amore di Pietro di Craon e la sua lebbra), la logica di questa disponibilità non può che farla aderire, cioè farle condividere questo eccezionale e "irregolare" dolore. La stessa amorosità, con cui costruisce l'ordine assegnatole tutti i giorni, la trasporta, la spinge a condividere quella presenza affascinante e dolorosa. Ma quella presenza porta un male terribile, la lebbra, così che nel gesto di carità con cui Violaine bacia Pietro di Craon sulla bocca, per pietà, per compassione e condivisione del dolore, la lebbra passa a lei.

Da una parte, dunque, c'è il padre benestante, colpito dalla eccezionale situazione storica; in secondo luogo Violaine, che serve l'ordine di tutte le cose nella normalità della sua vita («perdonatemi perché son troppo felice!»); il terzo aspetto di questo "unico" e fondamentale personaggio è Pietro di Craon, che rappresenta l'attore chiave di tutto.

Pietro di Craon è il personaggio compiutamente espressivo di quello che è l'uomo, dell'io umano. È il genio, l'architetto, colui che crea per tutti, colui che realizza il mondo dove tutti sono una cosa sola, tesi all'ideale e pieni di aiuto vicendevole. È il costruttore di cattedrali, che sono il più grande simbolo dell'unità del popolo.

Il genio, infatti, è colui che esprime la stirpe ed esprimendo in modo eccezionale la stirpe, la richiama, la unisce. La funzione di unità fra gli uomini è data naturalmente dal genio, che, in qualsiasi campo si esprima, ha la funzione di coagulo e di unità. Il genio, proprio perché è tale ed esprime tutti, ha una sensibilità assoluta di fronte al richiamo della bellezza, della giustizia, dell'utilità che la realtà misteriosamente evoca.

In questa suprema sensibilità al segno ideale che sono le cose, Pietro di Craon cede alla tentazione di fronte a Violaine, simbolo della bellezza: dimentica la giustizia, l'utilità e tenta di violentarla: questo è l'antefatto che è la premessa al libro, e a cui il prologo accenna.

Lei, colma di giustizia, si sottrae, si ribella e Pietro di Craon non riesce neanche a dominarla fisicamente; lei lo deride.

Ma, abbiamo detto, Pietro di Craon è il genio che più di tutti gli altri capisce il disegno e l'utilità di tutto, perciò l'impeto con cui tenta di possedere un particolare, dimenticando la sua offerta alla totalità, immediatamente lo ferisce a morte e diventa "l'uomo del dolore". Simbolicamente, secondo la tradizione della Bibbia, il castigo di Dio lo rende lebbroso. Così, colui che dà vita all'ispirazione di tutti è fra tutti estraneo (il lebbroso doveva vivere ai margini del popolo). Colui che dà unità a tutti deve essere estraneo a tutti. Pietro di Craon accetta le conseguenze, riconoscendo l'istante dell'errore; diviene colui che *dedica* la totalità della sua vita e, paradossalmente, egli è l'uomo vergine. Dedica tutta la sua vita a creare quello che è il segno dell'ideale a cui tutti tendono: la cattedrale, la dimora per l'unità, per la bellezza di tutti. Egli dedica la vita a costruire tra la gente il segno evocatore del destino, perciò è colui che aiuterà tutti.

Allora, accanto alla eccezionalità della decisione del sacrificio di sé, ecco il riconoscimento di quello che l'amore è, in realtà nonostante il proprio errore e il proprio male.

Pietro accetta le conseguenze del suo male, la lebbra, e dedica la sua vita all'unico bene umano che è la creazione della speranza. La cattedrale, infatti, è dedicata alla speranza. La giustizia è il fondamento della speranza, la cattedrale è il luogo della speranza. Tutto questo è adombrato nel prologo, quando Pietro dice a Violaine: «Sii benedetta nel tuo casto cuore! Santità non è farsi lapidare in terra di Pagania o baciare un lebbroso sulla bocca, ma fare la volontà di Dio, con prontezza, si tratti di restare al nostro posto, o di salire più in alto».

Egli accetta che il suo male, attraverso la sua vita, sia dedicato a tutti, perché tutto rientra nell'orizzonte di questo genio peccatore.

Violaine: «Ah, come è bello il mondo e come sono felice!».

Pietro di Craon: «Ah, come il mondo è bello e come io sono infelice! [...]

Tanti campanili che segnano via via l'ora sulla città con la loro mobile ombra. E non farò mai io il disegno di un forno o d'una stanza per i bimbi?».

Violaine lo consola.

Pietro di Craon: «Non per questo bisogna compiangermi; siamo d'una razza diversa. Non vivo al livello degli altri uomini, io». Ecco, questa è una definizione unica della verginità.

Sono nel porticato, nel cortile della casa. Violaine indica a Pietro la strada più breve e con le sue fragili braccia apre il portone. La purità indica la strada più breve.

Lei, infine, in un impeto di compassione abbraccia Pietro e lo bacia. Già prima si era compiuto un gesto significativo: l'unica cosa che Violaine possiede, l'anello del fidanzamento con Giacomo, glielo dà. Il secondo impeto è più totale e radicale, gli dà se stessa, il bacio.

Mara, sorella di Violaine, vede questa scena.

Quest'altra figura apre la seconda parte. Mara (amara) è un aspetto del secondo protagonista, anch'esso triplice: Mara, Elisabetta, Giacomo.

Giacomo è l'uomo interpretativo delle tre figure. Giacomo è perfetto, lavoratore, fedele, costruttivo. Ma l'amore in lui si definisce, si misura.

La terza scena dell'atto secondo (per me la più bella

scena d'amore che sia mai stata scritta) sviluppa la parabola drammatica dell'amore umano. Il giorno del fidanzamento tra Giacomo e Violaine, lei si avvicina e lui nota che non ha l'anello. Mara subito accorre a lui per accusare la sorella di tradimento, ma Giacomo crede a Violaine, perché l'ama. Ma, a un certo punto, Violaine deve dire al suo promesso sposo una cosa terribile: infatti, la mattina, svegliandosi, ha visto sul proprio seno il primo fiore della lebbra. Deve dirglielo.

Lei è tutta presa dall'angoscia, piena di mistero, perché deve provare fino in fondo come lui l'ami. Non che Violaine pensi che Giacomo non l'ami, ma l'atteggiamento davanti al segno della lebbra sarà la prova che lui l'ama. Deve metterlo alla prova. Riguardo all'anello, Giacomo le crede. Poi lei, a un certo punto, incomincia a introdurre frasi e dimensioni "strane", come dice Giacomo, nel loro colloquio. E il culmine, la chiave di volta è quando Violaine afferma: «Ah, come è vasto il mondo, e come vi siamo soli noi». Allora lui si turba e le dice di non avere paura, di fidarsi, che le sue braccia forti la sosterranno nella vita. Ma Violaine continua il suo cammino di pensiero e incomincia a domandargli se le vuole bene veramente, come Cristo chiedeva a Pietro. Giacomo si turba ancor di più, ma lei insiste che se lui le vuole bene deve fidarsi totalmente di lei. Giacomo dice che è così, che si fida. Allora lei apre la sua veste e appare il segno della lebbra.

Per la mentalità di allora la lebbra costituiva il castigo per il peccato, quindi quel segno è agli occhi di Giacomo la prova evidente della denuncia di Mara. I due continuano il dialogo, ma improvvisamente si voltano le spalle. Ormai c'è un abisso incolmabile tra Violaine, che penetra sempre più nel dolore di quella delusione, e Giacomo, che si accanisce sempre di più nell'evidenza dell'accusa a lei, fino a che le grida di andarsene. Lei tenta ancora di ottenere la sua fiducia, chiede di essere abbracciata anche se lebbrosa, perché se uno ama abbraccia uno anche se lebbroso. Ma egli le dice di andare fuori dalla città a vivere emarginata. Quando Giacomo si trova di fronte a certi discorsi di Violaine, con i quali lei ricorda che «è vasto il mondo, e come vi siamo soli noi», risponde che fa dei discorsi strani, le dice di non saper filosofare, le chiede di non complicare le cose, perché lui è un uomo preciso che sa lavorare, piantare, raccogliere: è un uomo per cui la misura della vita è il dovere così come è percepito, sentito da lui.

Giacomo non è un uomo che riconosce l'essenza della sua persona come funzione della totalità, di qualcosa di più grande e di misterioso. Il Mistero, infatti, gli si rivela attraverso la presenza paradossale di quella donna apparentemente traditrice. Giacomo è l'emblema del galantuomo che compie il suo dovere. Ma non è questo che definisce l'uomo, perché ciò che definisce la vita è il rapporto con l'infinito. Giacomo, invece, la sua vita non la gioca con il Mistero, non "la butta via": tutto deve essere calcolato, preciso e conveniente per il galantuomo.

Da queste osservazioni su Giacomo, si capiscono anche le altre due figure del dramma.

Mara è innamoratissima di Giacomo e non capisce perché Giacomo debba andare sposo alla sorella, essendone lei naturalmente innamorata. Giacomo è la persona "giusta" per lei. Mara, in nome della giustizia, ucciderà la sorella.

Elisabetta è la madre, che però tiene di più alla sventurata Mara. Questa è la lotta fra l'amore che fa percepire la propria esistenza in funzione di qualcosa di senza misura e un ideale di vita che, invece, coincide con la propria misura, con la propria giustizia.

Dunque, Violaine se ne va, vive da sola lontano dal paese, le portano il cibo quotidiano che lei va a prendere battendo delle nacchere perché gli altri, avvisati, si allontanino. E la lebbra infine la rende cieca.

Mentre lei è lontana, Mara sposa Giacomo: hanno una figlia che però muore. Mara pensa che sia stata la sorella per vendicarsi. Al mattino presto porta il cadavere dalla lebbrosa: glielo scaglia addosso, dicendole che uccide i bambini piccoli.

Violaine prende tra le braccia il corpo della piccola, una stilla di latte esce dal suo seno, tocca la bocca della bambina e questa vive. Accade il miracolo. Impazzita di gioia, Mara porta a casa la bambina. Suo marito, dal primo istante, non allontana più gli occhi da quelli della bimba rinata, perché sono dello stesso colore di quelli di Violaine. La bimba ha acquistato il colore degli occhi di Violaine.

È questo l'emblema della nostalgia dell'Assoluto, dell'Ideale, che non può non passare attraverso il sacrificio: il dolore tremendo di Pietro di Craon, la rottura della propria vita per Violaine, il rischio di morire per Anna Vercors.

L'Annunzio a Maria è l'invito di Dio a stare al proprio posto nel mondo e questo non può non passare attraverso la croce, ma dalla croce alla risurrezione, non nell'aldilà, ma qui.

Ma la logica resta sempre fedele a se stessa, la logica del bene e del male si ingrandisce: vedendo suo marito che da quel momento continua a guardare gli occhi della bimba risorta, Mara giunge al culmine dell'odio e ammazza la sorella, buttandola sotto un carro di ghiaia.

Dal luogo dove si trova il corpo ferito a morte di Violaine passa colui che è estraneo alla società, che è estraneo alla vita di tutti; colui che, estraneo alla vita di tutti, abbraccia tutti e dà la dimora e il senso a tutti, Pietro di Craon. Egli è l'unico lebbroso che può dunque toccare il corpo e lo porta nella casa di famiglia di Violaine.

Dal punto di vista estetico questo dramma è pieno di corrispondenze, di simmetrie; non c'è una parola che non corrisponda a un'altra dopo; è bellezza senza fine.

Quando Pietro di Craon depone il corpo sul tavolo, con l'alba appena celebrata arriva Anna Vercors, il padre; cerca la sua casa, sente tutta l'agitazione, scopre l'accaduto. E lì con Pietro di Craon e la figlia morta, nel monologo finale, ormai impotente a rifare quello che è distrutto, Anna Vercors indica il sunto di tutta la storia.

«La pace, chi la conosce, sa che la gioia e il dolore in parti uguali la compongono. La mia donna è morta. Violaine è morta. È bene così.»

«Forse che fine della vita è vivere? [...] Non vivere, ma morire [...] e dare in letizia ciò che abbiamo. Qui sta la gioia, la libertà, la grazia, la giovinezza eterna!»

«E perché affannarsi tanto, quando è così semplice obbedire?»

La strada di Violaine è la più semplice, accanto a quella dolorosa di Pietro di Craon e a quella eccezionale di Anna Vercors.

Queste pagine contengono l'ideale di tutto. Il loro tema è l'amore, cioè la concezione del proprio essere in funzione del disegno totale. Il disegno ha un nome, è un uomo, Cristo, di cui essere funzione, attraverso il dolore bruciante, l'eccezionale impeto di generosità, la normalità dell'obbedienza quotidiana. L'alternativa è la meschinità.

Dobbiamo scegliere tutti i giorni tra le due radici: o la radice di Anna Vercors o la radice di Elisabetta.

8.

COSCIENZA DELLA CHIESA NEL MONDO MODERNO NEI *CORI DA «LA ROCCA»* DI T.S. ELIOT[1]

Leggo qualche brano di T.S. Eliot perché serve da introduzione a quel libretto[2], il cui valore sta per noi nel suggerimento di una posizione culturale. Essendo una conferenza non è un testo scientifico, ma il suo valore, torno a ripetere, sta nel suggerimento di una posizione culturale e, quindi, di una esemplificazione di giudizi. Quella conferenza prende lo spunto dai *Cori da «La Rocca»* di Eliot.

I *Cori da «La Rocca»* possono essere letti secondo una sequenza composta di tre momenti. Essa incomincia col Coro nel quale si contrappone la posizione della Chiesa alla posizione di un mondo che non la vuole più (I Coro). I cristiani (II Coro) debbono cercare di resistere e di vivere, di camminare, di lottare in questo mondo che non li vuole più, ma così consapevoli come sono di tutte le loro magagne, i loro difetti, i pesi che hanno addosso, che sono pesi loro e pesi ereditati. Ma (III Coro) la questione più grave è che essi pure, la Chiesa stessa, i cristiani stessi sono investiti dallo scetticismo, dalla scetticità e dal materialismo del mondo intero, dell'intera società.

La conferenza si divide in due parti, introdotte da due interrogativi: «È la Chiesa che ha abbandonato l'umanità, o è l'umanità che ha abbandonato la Chiesa?». La risposta è affermativa per entrambi. Dov'è la forza della reazione

---

[1] La redazione di questa lettura risulta dalla collazione di tre diversi interventi di monsignor Giussani sui *Cori* eliotiani, nell'agosto '85, nel maggio '88 e nell'agosto '92. I testi citati sono tratti dall'edizione dei *Cori da «La Rocca»* di T.S. Eliot, BUR, Milano 1994.

[2] Si tratta del testo della conferenza svolta da monsignor Giussani in alcuni atenei italiani e stranieri dal titolo: *La coscienza religiosa nell'uomo moderno*, ora pubblicata in *Il senso di Dio e l'uomo moderno*, BUR, Milano 1994.

del poeta? Eliot dice che là dove la Chiesa è rifiutata e là dove la Chiesa stessa è penetrata dallo spirito mondano, dallo spirito "laicista", se usiamo il termine proprio della conferenza, l'umano vien meno, l'umano sta male. «Potete eludere la Vita, ma non la Morte», scrive nel III Coro. Cioè, potete evitare la Chiesa e il suo suggerimento nella vita e far ciò che volete, ma non potrete evitare di veder tra le vostre mani distrutto tutto ciò che create. Il mondo non solo non vuole la Chiesa, ma la perseguita.

E che volete – dice, infatti, Eliot –, volete forse che il mondo accetti la Chiesa? Perché deve accettarla?

«Perché gli uomini dovrebbero amare la Chiesa? Perché dovrebbero amare le sue leggi? / Essa ricorda loro la Vita e la Morte, e tutto ciò che vorrebbero scordare. / È gentile dove sarebbero duri, e dura dove essi vorrebbero essere teneri. / Ricorda loro il Male e il Peccato, e altri fatti spiacevoli. / Essi cercano sempre d'evadere / dal buio esterno e interiore / sognando sistemi talmente perfetti che più nessuno avrebbe bisogno d'essere buono.»

Gli uomini che perseguitano la Chiesa, sognano l'eliminazione della libertà, perché l'estremo ideale di questo mondo è creare un mondo di automi: «Sistemi talmente perfetti che più nessuno avrebbe bisogno d'essere buono».

L'ultima, la più profonda accusa di Eliot: dove sta la radice vera di tutta questa ostilità e di questo disegno? La rinuncia a Cristo. La ribellione a Cristo e, quindi, la eliminazione di Dio perché, come aveva già detto Nietzsche, se aboliamo Cristo, aboliamo Dio.

Ecco, dunque, il I Coro.

[...]
Il ciclo senza fine dell'idea e dell'azione,
L'invenzione infinita, l'esperimento infinito,
Portano conoscenza del moto, non dell'immobilità;
Conoscenza del linguaggio, ma non del silenzio;
Conoscenza delle parole, e ignoranza del Verbo.

Tutta la nostra conoscenza ci porta più vicini alla nostra igno-
  ranza,
Tutta la nostra ignoranza ci porta più vicino alla morte.
Ma più vicino alla morte non più vicini a DIO.
Dov'è la Vita che abbiamo perduto vivendo?
Dov'è la saggezza che abbiamo perduto sapendo?
Dov'è la sapienza che abbiamo perduto nell'informazione?
I cicli del Cielo in venti secoli
Ci portano più lontani da DIO e più vicini alla Polvere.
[«Dov'è la sapienza che abbiamo perduto nell'informazio-
ne?»; Andrej Sinjavskij, in un suo "pensiero improvviso",
dice che l'uomo muore con tutta la sua informazione[3]]

Viaggiavo verso Londra, alla City che è preda del tempo,
Là dove il Fiume scorre con flutti stranieri.
Laggiù mi dissero: abbiamo troppe chiese,
E troppo poche osterie. Laggiù mi dissero:
Se ne vadano i parroci. Gli uomini non hanno bisogno della
  Chiesa
Nel luogo in cui lavorano, ma dove passano le domeniche.
In città non abbiamo bisogno di campane:
Che sveglino i sobborghi.
Camminai fino ai sobborghi, e là mi dissero:
Sei giorni lavoriamo, il settimo vogliamo andare in gita
Con l'automobile fino a Hindhead, o a Maidenhead.
Se il tempo è brutto restiamo a casa a leggere i giornali.
Nei distretti industriali mi dissero
Delle leggi economiche.
Nelle campagne ridenti sembrava
Vi fosse solo posto per picnic.
E sembra che la Chiesa non sia desiderata
Nelle campagne e nemmeno nei sobborghi; in città
Solo per importanti matrimoni.

[3] A. Sinjavskij, *Pensieri improvvisi*, Jaca Book, Milano 1967, pp. 50-51.

Entra allora la ROCCA [la Rocca è la Chiesa] guidata da un
RAGAZZO:

Il destino degli uomini è infinita fatica,
Oppure ozio infinito, il che è anche peggio,
Oppure anche un lavoro irregolare, il che non è piacevole.
[...]

Il mondo rotea e il mondo cambia,
Ma una cosa non cambia.
In tutti i miei anni una cosa non cambia.
Comunque la mascheriate, questa cosa non cambia:
La lotta perpetua del Bene e del Male.
Dimentichi, voi trascurate gli altari e le chiese;
Voi siete gli uomini che in questi tempi deridono
Tutto ciò che è stato fatto di buono, trovate spiegazioni
Per soddisfare la mente razionale e illuminata.
E poi, trascurate e disprezzate il deserto.
Il deserto non è così remoto nel tropico australe,
Il deserto non è solo voltato l'angolo,
Il deserto è pressato nel treno della metropolitana
Presso di voi, il deserto è nel cuore di vostro fratello.
Il buono è colui che costruisce, se costruisce ciò che è buono.
Vi mostrerò le cose che ora si stanno facendo,
E alcune delle cose che molto tempo fa furono fatte,
Così che prendiate coraggio. Rendete perfetta la vostra volontà.
Fate che io vi mostri l'opera degli umili. Ascoltate.

Dopo la voce degli operai (gli «umili») che dichiarano di
voler costruire «con mattoni nuovi» dove «le travi sono
marcite» e «con nuovo linguaggio» dove «parole non sono
pronunciate», entra in scena la voce dei disoccupati:

[...]
Nessuno ci ha offerto un lavoro
Con le mani in tasca

E il viso basso
Stiamo in piedi all'aperto
E tremiamo nelle stanze senza fuoco.
Solo il vento si muove
Sui campi vuoti, incolti
Dove l'aratro è inerte, messo di traverso
Al solco. In questa terra
Ci sarà una sigaretta per due uomini,
Per due donne soltanto mezza pinta
Di birra amara. In questa terra
Nessuno ci ha offerto un lavoro.
La nostra vita non è bene accetta, la nostra morte
Non è citata dal "Times".
[...]

«La nostra vita non è bene accetta» (l'aborto e l'eutanasia) e «la nostra morte non è citata dal "Times"».

In questo contesto, l'impeto espresso dagli operai («C'è un lavoro comune / una Chiesa per tutti / e un impiego per ciascuno / ognuno al suo lavoro») è indubbiamente una meravigliosa sintesi di tutte le nostre aspirazioni ingenuamente programmatiche, anzi non troppo ingenuamente. Certo, noi dobbiamo portarci sulle spalle, per questa lotta cui il I Coro ha accennato, tutto quello che hanno fatto prima e tutto quello che fanno i nostri amici, i nostri fratelli.

Il II Coro:

Così i vostri padri furono fatti
Concittadini dei santi, della casa di DIO, *edificata sulle fonda-*
    menta
Degli apostoli e dei profeti, Gesù Cristo medesimo essendo la pietra
    angolare.
Ma voi, avete edificato bene che ora sedete smarriti in una casa in
    rovina?

*Dove molti sono nati destinati all'ozio, a vite inutili e a squallide
  morti, a inasprito disprezzo in alveari senza miele,*
*E coloro che vorrebbero costruire e ristabilire aprono il palmo della
  mano e inutilmente guardano a terre straniere perché la carità sia maggiore o l'urna riempita.*
*La vostra costruzione è imperfetta, e voi sedete pieni di vergogna e
  vi chiedete se, e come, potrete essere uniti a edificare una dimora di* DIO *nello Spirito, lo Spirito che mosse sulla superfi-
  cie delle acque come una lanterna posata sulla schiena di
  una tartaruga.*

[vale a dire: se lo Spirito ha fatto tutto ciò, potrà ben fare
anche la nostra unità. È questa, infatti, la risposta alla situazione del mondo che la nostra conferenza impone: l'unica
risposta è la costruzione iniziale di una umanità nuova,
cioè la costruzione della nostra unità. Non è possibile
un'altra immagine, non è possibile. Se non avessimo avuto
Cristo, saremmo solo dei disperati e se non avessimo la
Chiesa e il cattolicesimo, saremmo disperati, perché non
avremmo più Cristo]

E alcuni dicono: [ecco le nostre obiezioni] *«Come possiamo
amare il nostro prossimo? [...]»*
[...]
Voi, avete edificato bene, avete dimenticato la pietra angolare?
[tutto "l'indaffararsi" dei cattolici – ma avete dimenticato
la pietra angolare? È sulla pietra angolare, non sull'attivi-
smo, che si erige l'unità]
Parlate delle giuste relazioni fra gli uomini
[la teologia della liberazione]
  ma non delle relazioni fra gli uomini e DIO.
*«La nostra cittadinanza è in Cielo»; sì, ma quello è il modello, il
  tipo della vostra cittadinanza sulla terra*
[se non cerchiamo di costruire sulla terra, la cittadinanza
nuova noi non l'avremo nel cielo. È il concetto cristiano di
merito]

[...]

E la Chiesa deve sempre edificare, e sempre decadere, e dev'essere
    sempre restaurata.

[ma questo è il momento in cui la Chiesa deve essere restaurata]

Poco più avanti, Eliot si rivolge agli uomini della modernità:

[...]
Non esiste vita se non nella comunità,
E non esiste comunità se non è vissuta in lode di DIO.

[come dice bene il libro sulla Liturgia del cardinale Ratzinger[4]]

Persino l'anacoreta che medita in solitudine,
Per il quale i giorni e le notti ripetono le lodi di DIO,
Prega per la Chiesa, il Corpo di Cristo incarnato.
E ora vivete dispersi su strade che si snodano come nastri,
E nessuno conosce il suo vicino o si interessa a lui
A meno che il suo vicino non gli arrechi troppo disturbo,
Ma tutti corrono su e giù con le automobili,
Familiari con le vie ma senza un luogo in cui risiedere.
E nemmeno la famiglia si muove tutta unita,
Poiché ogni figlio vorrebbe la sua motocicletta,
E le figlie cavalcano sellini casuali.
Molto da abbattere, molto da costruire, molto da sistemare di
    nuovo;
Fate che l'opera non venga ritardata, che il tempo e il braccio non
    siano inutili [...].

Le primissime settimane del nostro Movimento, a proposito della frase «nessuno conosce il suo vicino o si interessa a lui», mi ricordo che nei primi gruppi, nelle prime riunio-

---

[4] J. Ratzinger, *La festa della fede. Saggi di escatologia liturgica*, Jaca Book, Milano 1990.

ni settimanali dove non si sapeva cosa dire, io insistevo su questo: "Sono sei, sette, otto anni che siete insieme nella classe – dicevo – e non vi conoscete, ognuno è assolutamente disinteressato all'altro, eccetto che per le oscure connivenze di certi inviti balordi o di certo pseudo aiuto per passare la lezione, e basta". E questo fu il primo accento che fece scoprire a quei primissimi, a quei pochissimi la necessità di "qualcosa di più" tra di loro. Ma dove cercarla?

Più avanti leggeremo la descrizione che Eliot, da una parte, fa dell'invasione che il "mondo" ha operato nella Chiesa stessa. È questo il motivo per cui nella seconda parte di quella conferenza diciamo che la Chiesa ha abbandonato l'umanità, attraverso quella che possiamo chiamare "protestantizzazione del cristianesimo". Tale processo, infatti, ha evacuato la caratteristica fondamentale della Chiesa che è la costruzione unitaria sulla pietra angolare, l'unità. Ed Eliot, d'altra parte, nel Coro successivo, il III, descrive il disastro dell'umano, che va a finire nella morte, il disastro dell'uomo che vede distruggersi ciò che crea.

[...]
Il Verbo del SIGNORE *mi giunse, dicendo:*
O città miserabili d'uomini intriganti,
O sciagurata generazione d'uomini colti,
Traditi nei dedali del vostro stesso ingegno,
Venduti dai profitti delle vostre invenzioni:
Vi ho dato mani che distogliete dall'adorazione,
Vi ho dato la parola, e voi l'usate in infinite chiacchiere [...]

Lascerete il mio popolo dimentico e dimenticato
All'ozio, alla fatica, al farneticante stupore?
Saranno lasciati soltanto la ciminiera spezzata,
La chiglia scrostata, una catasta di ferro arrugginito,
In una strada cosparsa di mattoni dove la capra s'arrampica,
Dove il Mio Verbo non è pronunciato.

[...]
Nella terra delle lobelie e delle flanelle da tennis
Il coniglio s'intanerà e il pruno tornerà a far visita,
L'ortica fiorirà nell'aiola di ghiaia,
E il vento dirà: «Qui atei dignitosi vi furono:
Unico loro monumento la strada asfaltata
E un migliaio di palline da golf perdute».

Coro:
Edifichiamo invano
[ecco la grande sfida, ma questa è una sfida anche alla nostra vita personale]
        se il SIGNORE non edifica con noi.
Potete reggere forse la Città se il SIGNORE non resta con voi?
Mille vigili che dirigono il traffico
Non sanno dirvi né perché venite né dove andate.
Una colonia intera di cavie o un'orda d'attive marmotte
Edificano meglio di coloro che edificano senza il SIGNORE.
Ci leveremo in piedi fra rovine perenni?

[...]
Là dove non c'è tempio non vi saranno dimore,
[non c'è abitazione per l'uomo]
Sebbene abbiate rifugi e istituzioni,
Alloggi precari dove si paga l'affitto,
Scantinati che cedono dove il topo si nutre
O latrine con porte numerate
O una casa un po' meglio di quella del vicino;
Quando la Straniera [cioè la comunità cristiana] *dice: «Qual*
    è il significato di questa città?
Vi accalcate vicini perché vi amate l'un l'altro?».
Cosa risponderete? «Ci accalchiamo
Per trarre denaro l'uno dall'altro»? oppure: «Questa è una comu-
    nità»?
[la risposta socialista]

Dunque la Straniera sembra dimenticata e avversata in un'epoca di uomini «impegnati a ideare il frigorifero perfetto», «a risolvere una morale razionale», «a far progetti di felicità e a buttar via bottiglie vuote, / passando dalla vacuità ad un febbrile entusiasmo / per la nazione o la razza o ciò che voi chiamate umanità».

«O anima mia – dice il poeta –, che tu sia pronta per la venuta della Straniera, / che tu sia pronta per colei che sa come fare domande.» Del resto, il Coro ricorda agli uomini, che non vogliono sentire quelle domande, che possono «eludere la Vita, ma non la Morte». Anch'essa indica la strada verso il tempio.

«Non rinnegherete la Straniera», conclude il III Coro. È una grande responsabilità ed è un'affascinante missione per la nostra meschinità.

All'inizio del V coro, Eliot scrive: «O Signore, difendimi dall'uomo che ha eccellenti intenzioni e cuore impuro: perché il cuore è su tutte le cose fallace, e disperatamente malvagio».

Le «eccellenti intenzioni» le chiameremmo adesso "virtù comuni", vale a dire l'atteggiamento morale o moralistico. Difendimi dall'uomo che vuol salvare i valori morali, ma ha il cuore impuro; il cuore impuro è quello che non riconosce il fatto da cui le virtù derivano. Se un intellettuale, per esempio, ha una grande stima dell'uomo, che è un fatto creaturale, naturale, ma non accetta, non riconosce che l'uomo è una creatura, che è stato creato, perciò non accetta l'oggettività dei dinamismi umani, allora, quale virtù sottolineerà questo intellettuale o questo leader? Sottolineerà le virtù che più gli importano: se, per esempio, è un uomo alla guida di un governo, sottolineerà le virtù che fanno comodo al suo governo, vale a dire che tendono a mantenere lo *status quo*. Invece cercherà di obliterare quelle che lo seccano, che gli creano complicazioni.

Un caso tipico è stato quello di un noto scrittore italiano, Italo Calvino, il quale un po' di anni fa scrisse un articolo sul «Corriere della Sera» in cui magnificava la dignità dell'uomo. Ma la dignità dell'uomo da cosa deriva? Secondo quell'articolo di Calvino, deriva dalla formazione sociale: l'uomo è concepito in funzione della realtà sociale, è la realtà sociale che lo sviluppa e gli dà dignità, perciò non si può parlare di diritti naturali. L'aborto, allora. Nessuno, infatti, ha diritto alla vita: perciò l'aborto è una cosa lecita, se la dignità è conferita alla persona dalla società e se la società decide che all'origine la persona deve avere un certo equilibrio psicofisico, altrimenti è meglio sopprimerla. Nessuno ha diritto di dire: «Io ci sono, non potete toccarmi». In questo caso Italo Calvino ha avuto eccellenti intenzioni, quelle di affermare la dignità dell'uomo, ma un cuore impuro perché non ha riconosciuto il fatto da cui deriva la dignità dell'uomo.

Tutti coloro che adesso affermano le cosiddette "virtù morali" agiscono in questo modo: hanno eccellenti intenzioni, ma un cuore impuro, perché la radice delle virtù comuni, ma anche delle virtù non comuni, è una realtà obiettiva che non dipende dalla società, ma dipende dal fatto creaturale per cui l'uomo è stato fatto da Dio.

Perciò: «O Signore, difendimi dall'uomo che ha eccellenti intenzioni». Una eccellente intenzione è quella di avere uno Stato tecnocraticamente a posto con una funzionalità industriale adeguata, e affermare il valore tecnocratico che è un fattore necessario per l'incremento e la potenza del popolo. Ma se in nome di tutto ciò si deve trascurare, per esempio, la gente che non ha determinate capacità ("*de minimis non curat pretor*"), o la gente che non ha determinate possibilità di difesa...

«O Signore difendimi dall'uomo che ha eccellenti intenzioni e cuore impuro: perché il cuore è su tutte le cose fallace, e disperatamente malvagio.»

È malvagio chi non riconosce, chi inventa, chi "fissa" lui. Proteggimi, perciò, dal nemico che ha qualcosa da guadagnare. Proteggimi dal nemico che ha qualcosa da guadagnare e dall'amico che ha qualcosa da perdere, cioè dall'amico che, fin quando gli vado bene e corrispondo, allora mi difende, quando non gli corrispondo più mi abbandona. Guardami dall'amico che ha qualcosa da perdere.

Così: «Quelli che stanno in una casa il cui uso è dimenticato»: è la definizione dei cristiani di adesso, di quelli che stanno in una casa il cui uso è dimenticato, la cui origine, la cui natura è dimenticata. Allora a questa gente si può dire: "Fate così e così, comportatevi così e così, state attenti a queste virtù", ma l'origine della loro esperienza e della loro dignità di cristiani non è tenuta in considerazione.

Quelli che stanno in una casa il cui uso è dimenticato: sono come serpenti distesi su scale cadenti, soddisfatti al sole.
E gli altri corrono attorno come cani, pieni d'iniziativa, e fiutano ed abbaiano: dicono, «Questa casa è un nido di serpi, distruggiamola,
Mettiamo fine a questi abominii, alle turpitudini dei Cristiani».

Vogliono distruggere la casa dei cristiani perché essi non corrispondono ai loro ideali laicisti. Questi non sono giustificati, questi «cani che abbaiano» attorno e dicono: «Aboliamo». «Questi non sono giustificati, né lo sono gli altri.» Non sono giustificati quelli che gridano contro i cristiani, ma non sono giustificati neanche i cristiani che sono lì come lucertole, che non fanno più niente, perché hanno dimenticato il valore della loro casa.

E scrivono libri innumerevoli; troppo vacui e distratti per rimanere in silenzio: ognuno alla ricerca della propria elevazione, nascondendo la propria vuotezza. [...]

[...]

*L'uomo che durante il giorno ha costruito qualcosa, quando cala
la notte ritorna al focolare: per essere benedetto dal dono del
silenzio, e prima di dormire si assopisce.*
Ma siamo circondati da serpenti e cani [da una parte i serpenti e dall'altra i cani]: *per cui qualcuno deve stare all'opera, e altri tenere le lance.*

È un momento in cui non si può più dormire, da una parte son serpenti, lucertole, dall'altra ci sono i cani che abbaiano, per cui bisogna agire. E mi pare questa una bella
definizione della situazione in cui sta la Chiesa oggi, il fatto cristiano oggi.

Un altro Coro, il VI, si riferisce al destino che nel tempo ha il fatto cristiano.

È difficile per coloro che non hanno mai conosciuto persecuzione,
E che non hanno mai conosciuto [quindi] *un cristiano,*
Credere a questi racconti di persecuzione cristiana.
È difficile per coloro che vivono presso una Banca
Dubitare della sicurezza del loro denaro.
[...]
Pensate che la Fede abbia già conquistato il mondo
E che i leoni non abbisognino più di guardiani?
[...]

È a questo punto l'a fondo di Eliot, già citato, sulla considerazione degli uomini moderni sulla Chiesa: «Perché gli
uomini dovrebbero amare la Chiesa?».

«Essi [gli uomini che non vogliono la Chiesa] cercano
sempre d'evadere / dal buio esterno e interiore [perché
se non ci sono criteri oggettivi di bene e di male c'è buio
e confusione] / sognando sistemi talmente perfetti che
più nessuno avrebbe bisogno d'essere buono.»

Tutti sognano strutture sociali che abbiano un esito

buono a prescindere dalla libertà. Nessuno più avrebbe bisogno d'essere buono. «Ma l'uomo che è adombrerà / l'uomo che pretende di essere.» L'uomo così come è sfaterà sempre le visioni delle ideologie che pretendono di essere. «E il Figlio dell'Uomo non fu crocifisso una volta per tutte, / il sangue dei martiri non fu versato una volta per tutte, / le vite dei Santi non vennero donate una volta per tutte [...]. E se il Tempio dev'essere abbattuto / dobbiamo prima costruire il Tempio.»

È la pagina più chiara sull'antitrionfalismo. Tante volte, noi siamo accusati di trionfalismo per la nostra volontà di affermazione del fatto cristiano nel tempo e nello spazio, nella storia. Invece, è profondamente antitrionfalista la nostra volontà di costruire. Perché l'idea della storia che ha il cristianesimo è questo possibile continuo ripetersi di cicli e di abbattimenti. Perciò «se il sangue dei Martiri deve fluire sui gradini / dobbiamo prima costruire i gradini».

Il nostro costruire i gradini non è trionfalismo, anzi. E se il Tempio deve essere distrutto, bisogna prima costruirlo. La nostra volontà di costruire il Tempio non è trionfalismo.

Forse non sarà inutile, a questo punto, rileggere insieme il brano di Eliot che fa da perno al testo della conferenza. È il Coro VII, ove il poeta traccia in sintesi splendida la storia delle religioni.

In principio DIO creò il mondo. Deserto e vuoto. Deserto e vuoto. E tenebre erano sopra la faccia dell'abisso.
[deserto perché non c'è uomo, vuoto perché non c'è senso, perché il senso viene percepito nella coscienza dell'uomo]
E quando vi furono uomini, nei loro vari modi lottarono in tormento alla ricerca di DIO
Ciecamente e vanamente, perché l'uomo è cosa vana, e l'uomo sen-

za DIO è un seme nel vento, trascinato qua e là non trova luogo dove posarsi e dove germinare.

Essi seguirono la luce e l'ombra [l'apparente], *e la luce li condusse verso la luce e l'ombra li condusse verso la tenebra,*

Ad adorare serpenti ed alberi, ad adorare demoni piuttosto che nulla: a piangere per la vita oltre la vita, per un'estasi non della carne.

Deserto e vuoto. Deserto e vuoto. E tenebre sopra la faccia dell'abisso.

E lo Spirito si muoveva sopra la faccia delle acque.

E gli uomini che si volsero verso la luce ed ebbero conoscenza della luce

Inventarono le Religioni Maggiori; e le Religioni Maggiori erano buone

E condussero gli uomini dalla luce alla luce, alla conoscenza del Bene e del Male.

Ma la loro luce era sempre circondata e colpita dalle tenebre [...]

E giunsero a un limite, a un limite estremo mosso da un guizzo di vita,

E giunsero allo sguardo rinsecchito e antico di un bimbo morto di fame.

[riti che non avevano nessuna capacità di ravvivare l'umano]

Preghiere scritte in cilindri girevoli, adorazione dei morti, negazione di questo mondo, affermazione di riti il cui senso è dimenticato

[il contrario di ciò per cui sono sorti: alla ricerca del senso]

Nella sabbia irrequieta sferzata dal vento, o sopra le colline dove il vento non farà mai posare la neve.

Deserto e vuoto. Deserto e vuoto. E tenebre sopra la faccia dell'abisso.

[è ritornato il deserto e il vuoto, si è confermato il deserto e il vuoto: sopra, dentro, sotto, intorno a tutti i tentativi di interpretazione umana, le religioni maggiori]

Quindi giunsero, in un momento predeterminato, un momento
nel tempo e del tempo,
Un momento non fuori del tempo, ma nel tempo, in ciò che noi
chiamiamo storia: sezionando, bisecando il mondo del tem-
po, un momento nel tempo ma non come un momento di
tempo,
Un momento nel tempo ma il tempo fu creato attraverso quel mo-
mento: poiché senza significato non c'è tempo, e quel mo-
mento di tempo diede il significato.
Quindi sembrò come se gli uomini dovessero procedere dalla luce
alla luce, nella luce del Verbo,
Attraverso la Passione e il Sacrificio salvati a dispetto del loro es-
sere negativo;
Bestiali come sempre, carnali, egoisti come sempre, interessati e ot-
tusi come sempre lo furono prima,
Eppure sempre in lotta, sempre a riaffermare, sempre a riprendere
la loro marcia sulla via illuminata dalla luce;
Spesso sostando, perdendo tempo, sviandosi, attardandosi, tor-
nando, eppure mai seguendo un'altra via.
[la lotta ascetica è stata introdotta nel mondo dal cristiane-
simo]

Ma sembra che qualcosa sia accaduto che non è mai accaduto pri-
ma: sebbene non si sappia quando, o perché, o come, o dove.
Gli uomini hanno abbandonato DIO non per altri dei, dicono, ma
per nessun dio; e questo non era mai accaduto prima
Che gli uomini negassero gli dei e adorassero gli dei, professando
innanzitutto la Ragione
E poi il Denaro, il Potere, e ciò che chiamano Vita, o Razza, o
Dialettica.
La Chiesa ripudiata, la torre abbattuta, le campane capovolte, co-
sa possiamo fare
Se non restare con le mani vuote e le palme aperte rivolte verso
l'alto
In una età che avanza all'indietro, progressivamente?

[...]

Deserto e vuoto. Deserto e vuoto. E tenebre sopra la faccia dell'abisso

[è ritornato come al principio]

È la Chiesa che ha abbandonato l'umanità, o è l'umanità che ha abbandonato la Chiesa?

Quando la Chiesa non è più considerata, e neanche contrastata, e gli uomini hanno dimenticato

Tutti gli dei, salvo l'Usura, la Lussuria e il Potere.

L'avventura cristiana è un dramma storico, della storia, nella storia.

Péguy, nella sua opera *Véronique*, mette in bocca al personaggio che rappresenta la storia questo lungo monologo:[5] «Io costituisco un pezzo indispensabile nel meccanismo, nell'organismo stesso dell'eternità stessa, un pezzo non solamente inevitabile, ma indispensabile. La mistica che nega il temporale è la più propriamente anticristiana. Il mondo moderno non è solo un mondo di cattivo cristianesimo, ma un mondo totalmente incristiano e le nostre stesse miserie non sono più cristiane (provocherebbero dolore).

Gesù non era venuto per dominare il mondo. Era venuto per salvare il mondo. Il proprio del cristianesimo è questo incastro delle due parti tanto inverosimile: il temporale nell'eterno e l'eterno nel temporale. E adesso non c'è più caduta e redenzione. Questi due pezzi particolari sistemati in modo così meraviglioso: non c'è più caduta (originale) e redenzione (è già avvenuto).

Ma le nostre stesse miserie non sono più cristiane, perché non ci riconosciamo da salvare. (I giovani di oggi non si riconoscono da salvare, sono a posto, sono a posto e

---

[5] Cfr. Ch. Péguy, *Veronica. Dialogo della storia con l'anima carnale*, Milella, Lecce 1994, pp. 88, 103, 117-121, 124, 146, 172.

contenti). Tuttavia, negare il cielo non è quasi certamente pericoloso: è una eresia senza avvenire (perché domani lo riconosceranno). Negare la terra, invece, è una grande tentazione. Anzitutto è notevole, il che è peggio. Sta dunque qui l'eresia pericolosa, l'eresia con un avvenire (quella che nega il temporale nell'eterno, quella che nega quel punto, cioè la Madonna); quella che nega quel momento dentro il tempo. Non un momento del tempo, ma un momento nel tempo. Se si nega il temporale dentro l'eterno, si perviene a questi vaghi spiritualismi, idealismi, immaterialismi, religiosismi, panteismi, filosofismi, moralismi, che sono così pericolosi perché non sono grossolani. Negare la temporalità, la materia, la grossolanità, l'impurità, negarmi, rinnegare me (la storia), ecco al contrario qualcosa che ha della finezza, del puro e della purezza, del sublime puro. Ecco il fine dei fini: il puro, la purezza, il puro sublime, ecco la cosa più grave, l'infinitamente più grave e la tentazione delle grandi anime.

Ma, ancora una volta, nella insicurezza del mondo moderno, nella insufficienza delle dottrine moderne, nel vuoto ("deserto e vuoto") troppo evidente, troppo appariscente dell'intellettualismo moderno, in questa insufficienza, in questa scandalosa irrealtà, in questa intellettualità, in questa sterilità, il vecchio tronco, ancora una volta, farà spuntare foglie e rami, ancora una volta la vecchia quercia lavorerà il vecchio tronco, ancora una volta la grazia lavorerà. (Il tempo e lo spazio: storia).

E la morte? La morte contiene una tale rivelazione di mistero che ogni uomo ne è afferrato perché il corpo, il corpo carnale si difende, il corpo si rivolta. E Gesù sul monte degli Ulivi non aveva un corpo? Un corpo come noi. Dio stesso ha temuto la morte. Se non avesse avuto questo corpo, se fosse rimasto un puro spirito, se non avesse avuto un'anima carnale, tutto il cristianesimo sarebbe caduto. Si è, pertanto, offerto; ha accettato e ha vinto la morte. Tuttavia nessuna miseria della vita vi è stata risparmiata, nessuna miseria umana. Ma, sistematicamente, invece, sembra che ne siate stati colmati, che ne siate stati quasi favoriti, favoriti dalle miserie umane.

Il cristianesimo non è un'operazione pubblica, non è un'operazione economica: è un avvenimento che spesso non modifica gli aspetti esteriori superficiali, spesso non cambia nulla delle apparenze. L'avvenimento cristiano è una operazione molecolare, interiore, istologica. Un avvenimento molecolare. Siete i più infelici tra gli uomini, voi cristiani. Ma siete anche i più felici. Con voi non si può mai star tranquilli. Avete reso tutto infinito, avete reso eterno, infinito tutto. Avete completamente messo sottosopra il mercato dei valori. Avete portato tutti i valori al *maximum*, al limite, all'eterno, all'infinito. Dunque non si può essere un istante solo tranquilli, neanche con un capello del proprio capo.

Portate tutto a Dio, avete riportato tutto a Dio. Toccate Dio dovunque, a piene mani, da ogni parte.

Legame incredibile, inverosimile: il solo reale dell'uomo e di Dio, dell'Infinito e del finito, dell'Eterno e del tempo. Incredibile legame dell'anima carnale con Dio, in Dio, con l'uomo e nell'uomo. Questo incredibile, il solo reale legame del Creatore e della creatura. Ecco la vostra comunione.

Tutto è pieno e, nello stesso tempo, insieme, tutto funziona, tutto lavora, è messo in gioco direttamente, tutto, personalmente, tutto è legato a tutto e a tutti, reciprocamente, mutuamente. Ma così tutto è legato direttamente, personalmente, tutto è legato a tutto e a tutti, tra sé e insieme, simultaneamente tutto è legato al Corpo di Gesù, reciprocamente, direttamente, personalmente: il punto d'inizio, il valore della storia, la morte che invece d'essere fine e sepolcro rilancia ogni cosa all'Infinito, direttamente, personalmente, con una responsabilità senza eccezione».

Forse anche questa poesia di Ungaretti[6], che certamente è nota, può suggerirci una tenerezza personale verso Cristo, una tenerezza nel rapporto personale con Cristo. Con Cristo, questo uomo tra di noi e che rimane tra di noi:

> *Mio fiume anche tu, Tevere fatale,*
> *ora che notte già turbata scorre;*
> *ora che persistente*
> *e come a stento erotto dalla pietra*
> *un gemito d'agnelli si propaga*
> *smarrito per le strade esterrefatte;*
> *che di male l'attesa senza requie,*
> *il peggiore dei mali*
> *che l'attesa di male imprevedibile*
> *intralcia animo e passi;*
> *che singhiozzi infiniti, a lungo rantoli*
> *agghiacciano le case tane incerte;*
> *Ora che scorre notte già straziata,*
> *che ogni attimo spariscono di schianto*
> *o temono l'offesa tanti segni*
> *giunti, quasi divine forme, a splendere*
> *per ascensione di millenni umani;*
> *ora che già sconvolta scorre notte,*
> *e quanto un uomo può patire imparo;*
> *Ora ora, mentre schiavo*
> *il mondo d'abissale pena soffoca;*
> *Ora che insopportabile il tormento*
> *si sfrena tra i fratelli in ira a morte;*
> *Ora che osano dire*
> *le mie blasfeme labbra:*
> *«Cristo, pensoso palpito,*
> *perché la Tua bontà*
> *s'è tanto allontanata?»*

[6] G. Ungaretti, «Mio fiume anche tu», in *Ungaretti*, Oscar Mondadori, Milano 1971, pp. 156-158.

Ora che pecorelle cogli agnelli
si sbandano stupite e, per le strade
che già furono urbane, si desolano;
Ora che prova un popolo
dopo gli strappi dell'emigrazione,
la stolta iniquità
delle deportazioni;
Ora che nelle fosse
con fantasia ritorta
e mani spudorate
dalle fattezze umane l'uomo lacera
l'immagine divina
e pietà in grido si contrae di pietra;
Ora che l'innocenza
reclama almeno un'eco
e geme anche nel cuore più indurito;
Ora che sono vani gli altri gridi;
vedo ora chiaro nella notte triste.

Vedo ora nella notte triste, imparo,
so che l'inferno s'apre sulla terra
su misura di quanto
l'uomo si sottrae, folle,
alla purezza della Tua passione.

Fa piaga nel Tuo cuore
la somma del dolore
che va spargendo sulla terra l'uomo;
il Tuo cuore è la sede appassionata
dell'amore non vano.

Cristo, pensoso palpito,
astro incarnato nelle umane tenebre,
fratello che t'immoli
perennemente per riedificare

umanamente l'uomo,
Santo, Santo che soffri,
Maestro e fratello e Dio che ci sai deboli,
Santo, Santo che soffri
per liberare dalla morte i morti
e sorreggere noi infelici vivi,
d'un pianto solo mio non piango più,
Ecco, Ti chiamo, Santo,
Santo, Santo che soffri.

«Se non fossi tuo, mio Cristo, mi sentirei creatura finita. Sono nato e mi sento dissolvere. Mangio, dormo, riposo e cammino, mi ammalo e guarisco, mi assalgono senza numero brame e tormenti, godo del sole e di quanto la terra fruttifica. Poi io muoio e la carne diventa polvere come quella degli animali che non hanno peccati. Ma io cosa ho più di loro? Nulla se non Dio. Se non fossi tuo, Cristo mio, mi sentirei creatura finita.»[7]

Poter dire al Mistero che fa tutte le cose questo «Tu» così concreto! In un'ora, in un minuto, in un istante che riassume tutto quello che siamo, decifrato o indecifrato.

Se non fosse la verità, Ungaretti non avrebbe potuto scrivere questa poesia. Se non fosse verità, san Gregorio Nazianzeno non avrebbe potuto scrivere questa preghiera. Se non fosse verità, noi non sentiremmo l'unico fenomeno in cui sembra codificarsi la differenza tra l'uomo e gli animali e tutto il resto: il dolore del peccato e il grido certo della grazia; il dolore del peccato e la gratitudine del perdono.

Dolore e gratitudine: il contenuto su cui fluisce senza requie, senza frammenti di sosta, la misericordia. Come l'Essere non ci lascia senza un momento di sosta, altrimenti cadremmo nel nulla, così la misericordia fluisce conti-

---

[7] Cfr. San Gregorio di Nazianzo, in *Le preghiere dei padri. Preghiere e testi liturgici dal I al XIV secolo*, EDB, Bologna 1974, p. 109.

nuamente in noi, nella nostra carne, nel nostro cuore e nel nostro pensiero, altrimenti saremmo disperati "da suicidio", non essendo umana nessun'altra posizione.

In altre occasioni, abbiamo detto che l'incontro è una realtà fisica, corporale, di tempo e di spazio, toccabile, visibile, tangibile, udibile, in cui è presente Dio fatto uomo e che di questo Dio fatto uomo tale realtà tangibile è segno. L'incontro è con una realtà integralmente umana.

Questo incontro non può essere fatto e compiuto se non da chi ha l'umiltà originale, quella che ha, come unico merito, quello di rimanere come si è stati fatti e perciò, di fronte alle cose che accadono, essa non può che accettare. Non con un salto qualitativo di virtù, ma con lo stesso "quasi meccanismo" per cui c'è. Così l'umiltà è il primo stigma, il primo carattere di Dio nell'uomo: quello originale, quello creaturale. L'umiltà che accetta.

Ma questo incontro che rivela l'uomo a se stesso, e lo rivela sempre di più quanto più l'uomo, rimanendo fedele, ci cammina insieme, non può avvenire se non da parte di un io umile come erano Giovanni e Andrea, come è stata la Madonna. Tutto ciò su cui abbiamo riflettuto oggi non può non parlare al plurale. Abbiamo parlato di io, di tu, di realtà umana, visibile, tangibile. Non può non urgere una considerazione della nostra presenza comune: che cos'è la compagnia? Che cos'è la nostra compagnia?

9.

LA SCOPERTA DI DON GIOVANNI[1]
Lettura da *Miguel Mañara* di Oscar V. Milosz

Vorrei leggere alcuni brani del *Miguel Mañara* di Milosz. È uno dei testi che ha fatto l'inizio della storia del nostro movimento insieme a *L'Annunzio a Maria* di Paul Claudel. Allora questi testi erano quasi saputi a memoria da tutti noi.

Miguel Mañara è il vero don Giovanni, storicamente esistito alla metà del Seicento. È il don Giovanni spagnolo che ha dato origine a tutti i personaggi di don Giovanni inventati successivamente. È ricco, in tutti i sensi, di tutte le doti e le possibilità immaginabili e, perciò, è arrogante senza termine: a lui tutto è dovuto e al suo piacimento e alla sua opinione tutto deve servire. La violenza, nel senso più scaltro e più mascherato, è la legge della sua vita. I cavalieri della corte del re lo stimano "il meglio" fra di loro, e sì che è di molto più giovane, avendo la metà, almeno, degli anni degli altri.

All'inizio dell'opera, in un festino dato in suo onore, c'è un dialogo in cui lo provocano a ricordare tutte le sue bravate e soprattutto, naturalmente, tutte le sue bravate e le sue avventure con le donne, di qualunque rango. E lui risponde.

Ma al culmine dell'ammirazione conclamata degli altri – avevano gridato: «Gloria a Mañara, gloria a Mañara, nel più profondo degli inferni!» – improvvisamente Miguel dice: «Scorgo con piacere, Signori, che tutti mi volete bene, e mi commuove molto quel voto che fate, così di buon gra-

---

[1] Lettura tenuta in un raduno di universitari nel gennaio del 1980. Il testo di O.V. Milosz, *Miguel Mañara* fa riferimento all'edizione Morcelliana 1962.

133

do, di vedere la mia carne e il mio spirito bruciare di una nuova fiamma, altrove, ben lungi di qui. Vi giuro sul mio onore e sul capo del vescovo di Roma che il vostro inferno non esiste affatto; vi giuro che non è mai bruciato altro che nella testa di un matto Messia o di un cattivo frate. Ma noi sappiamo che esistono, nello spazio vuoto di Dio, mondi illuminati da una gioia più calda che la nostra; terre inesplorate e bellissime e lontane, infinitamente lontane da questa, sulla quale noi stiamo. Scegliete allora, vi prego, uno di questi remoti pianeti pieni di incanto, e speditemi là, questa stessa notte, attraverso la porta vorace della tomba. Perché il tempo è lungo; perché il tempo è spaventosamente lungo, Signori, ed io sono stranamente stanco di questa cagna di vita. Il non guadagnar Dio, senza alcun dubbio, è cosa ben dappoco, ma perdere Satana è dolore grande e smisurata sciagura, in fede mia.

Ho trascinato l'Amore nel piacere, e nel fango, e nella morte; fui traditore, blasfemo, boia; ho portato a termine tutto quello che un povero diavolo d'uomo può intraprendere, ed ecco: ho perduto Satana! Satana si è ritirato da me. Mastico l'amara erba dello scoglio della noia. Ho servito Venere con rabbia, poi con cattiveria, e finalmente con nausea. Oggi le torcerei il collo sbadigliando. E non è la vanità che parla per bocca mia. Non mi atteggio, io, a carnefice insensibile. Ho sofferto, ho molto sofferto. L'angoscia mi ha chiamato con un cenno, la gelosia mi ha parlato con la sua voce sommessa, la compassione mi ha afferrato alla gola. Al punto che furono questi i miei piaceri meno bugiardi.

Ah! Sì! La mia confessione vi stupisce: odo ridere. Sappiate allora che non ha mai commesso l'atto veramente ignobile chi non ha pianto sulla sua vittima. Certo, nella mia giovinezza, sono andato, proprio come voi, in cerca della miserabile gioia, dell'irrequieta straniera che vi fa dono della sua vita e non vi dice il suo nome. Tuttavia nacque ben presto in me il desiderio di inseguire quello che mai voi conoscerete: l'amore immenso, tenebroso e dolce. Più di una volta mi illusi di averlo afferrato: altro non era che un fantasma di fiamma. Lo stringevo, gli giuravo abbandono per l'eternità, ed egli mi bruciava le labbra e mi copriva il capo con la mia stessa cenere e, quando riaprivo gli occhi, l'orribile giorno della solitudine era là, il giorno così lungo, così lungo della solitudine era là, con un povero cuore tra le mani, un troppo povero dolce cuore, leggero come il passerotto d'inverno. Ed una sera, la lussuria dallo sguardo vile, dalla fronte bassa, sedette sul mio giaciglio e mi contemplò in silenzio come si guardano i morti.

Una bellezza nuova, un nuovo dolore, un nuovo bene di cui presto saziarsi, per meglio assaporare il vino di un nuovo male, una nuova vita, un'infinità di nuove vite, ecco cosa mi occorre, Signori: semplicemente questo e null'altro.

Ah! Come colmarla, questa voragine della vita? Che fare?

Perché il desiderio è sempre presente, più forte, più pazzo che mai. È come un incendio del mare, che avventi la sua fiamma dove maggiore è la profondità del nero nulla universale!

È un desiderio di abbracciare le possibilità infinite!

Ah! Signori! Che cosa facciamo, noi, qui? Che cosa guadagnamo, qui?

Ahimè! Quanto è breve questa vita per la scienza! E, quanto alle armi, questo povero mondo non avrebbe di che alimentare gli oscuri appetiti di un padrone come me; e quanto alle buone azioni, voi già sapete quali cani rognosi, quale notturna sporcizia maleodorante siano gli uomini; e voi certo sapete che un Re è ben povera cosa, quando Dio se ne è andato».

Non c'è differenza di misura tra questo grido di Miguel Mañara e quest'altra grande frase di Gide: «Desiderio, ti ho trascinato per le strade, ti ho desolato nei campi, ti ho ubriacato nella città, ti ho ubriacato senza dissetarti, ti ho bagnato nelle notti piene di luna, ti ho portato in giro dovunque, ti ho cullato sulle onde, ho voluto addormentarti sui flutti. Desiderio, desiderio, che farti? Che vuoi dunque? Quando ti stancherai?».

Tra i presenti c'è il più anziano, l'unico saggio ed equilibrato della compagnia, amico del padre di Miguel: egli ha intuito il momento terribile e disperato che sta attraversando il figlio trentenne del suo amico. Combina una visita di Miguel nella casa di un altro suo amico che aveva una sola figlia, giovanissima, una donna intelligente, bella, diritta, serena.

Il secondo quadro dà il dialogo, il primo dialogo a fondo tra Miguel e Girolama, che è una presenza, la Presenza: «[...] Perché – dice Miguel – non mi sono accorto prima, di avere l'anima buona?». È una presenza, infatti, che rende possibile la coscienza di sé. Quello che dovrebbe essere l'avventura profonda, calma, libera, pura dell'amore, che cosa era diventata nella vita di Miguel, che cosa è nella vita della maggior parte di noi?

Tutto il dialogo, che sarebbe da rileggere parola per parola, tanta è l'intensità e la grandezza, è l'avvenimento del cambiamento per Miguel.

A un certo punto Miguel osserva:

«Voi amate i fiori, Girolama? Ed io non ne vedo mai né tra i vostri capelli né sulla vostra persona».

E Girolama: «[...] Non metto mai fiori tra i miei capelli (sono già abbastanza belli ugualmente, per grazia di Dio!). I fiori sono dei begli esseri viventi, e bisogna lasciarli vivere e respirare l'aria del sole e della luna. Io non li colgo mai, i fiori. Si può benissimo amare, in questo mondo sul quale viviamo, senza aver subito voglia di uccidere il proprio caro amore, o di metterlo in una prigione di vetro, oppure (come fanno con gli uccelli) in una gabbia in cui l'acqua non ha più gusto d'acqua ed i semi non hanno più gusto di semi».

Così, in questo scambio, concretissimo e preciso, Miguel che indugia ancora sull'amaritudine che sembra traboccargli in cuore, scopre invece «di avere un'anima buona». Le parole e la presenza di Girolama avanzano nella sua coscienza come quella suora, dice Miguel, che ha visto una volta «avventurarsi sola nel rosso recinto dei suppliziati». O «come se un raggio dell'estate improvvisamente penetrasse in un luogo protetto dalle ali della notte».

Così il loro dialogo si conclude:

Miguel: «Ed il vostro grande pudore, e la vostra santità, me le confidate voi per il Tempo? Per la Vita?».

Girolama: «Per l'Eternità».

Miguel: «E mi amate voi? E mi amate di pio amore innanzi agli uomini, innanzi agli uomini?».

Girolama: «Innanzi a Dio».

I toni del dramma non diminuiscono la verità di questa doverosa presenza dell'uno all'altro, di una persona all'altra. È una rinascita: «Che non esista rimedio a questa tristezza del cuore! Quello che è fatto è fatto. Perché così è la nostra vita: ciò che è compiuto è compiuto», ha detto Miguel a un certo punto del dialogo. E Girolama s'è opposta: «Non condivido affatto questo vostro modo di pensare». C'è una Presenza per la quale il passato, con tutto il suo male, diventa una vita, una vita diversa, diventa la verità della propria esistenza ignorata prima: «Perché non mi sono accorto prima, di avere l'anima buona?».

Ed è come una riscossa del mondo, come uno che esce per la prima volta dalla notte e vede, finalmente vede. E diviene possibile un abbraccio di tutto, di ciò che era lontano, di ciò che era perduto, di ciò che era vicino, ma non si vedeva, della famiglia, del cane. Ciò di cui Girolama è segno a Miguel è una presenza che fa abbracciare, che erige in un abbraccio universale. Questi fattori appartengono alla struttura della nostra vita. Poco o tanto, ognuno di noi ha presentito, in una vicinanza, queste cose. Se siamo qui è per questo tipo di incontro. Per quanto lontana eco possa esser stato, l'Avvenimento che mi ha coinvolto è di questo tipo. Infatti, che cosa siamo gli uni per gli altri se non questa compagnia, che cova e preme come intenzione del cuore? Che cosa facciamo noi, qui? E che mi importa di voi e che vi importa di me? Che vi importa gli uni degli altri? Quando vi troverete legati, e sarà convenienza continuare, uomo e donna, sarà per un attaccamento solo umano, ma senza echi, senza prospettive, senza voce? Ma che cosa sei tu per lei, tu per lui che sei? Se non aspiri, se non lasci libero nel tuo cuore il cammino a questo ideale, a questo compito di vita diversa, che cosa sei se non un grumo in cui l'altro, pasticciando, cerca una risposta alla sua istintività o al suo stato d'animo?

Ha detto Girolama a un certo punto: «Si può benissimo amare, in questo mondo sul quale viviamo, senza aver subito voglia di uccidere il proprio caro amore» o senza aver voglia di afferrare per possedere, per arrestare; invece che dare una mano nel cammino verso il destino, uccidere e finire.

Dopo tre mesi dal matrimonio, improvvisamente Girolama muore.

Allora Miguel si trova come sospeso sopra un abisso vertiginoso in cui non ha più un punto d'appoggio, non ha più una presenza e non può più tornare come prima, perché quando si sono intraviste certe cose non si può più tornare come prima. Non c'è più la presenza, ma resta ciò che quella presenza ha fatto presentire a lui. A quella verità del mondo, a quella prospettiva di cammino, di destino di vita, egli non può più rinunciare. Ma dove trovarla? Allora, disperato, ricercatore di un punto d'appoggio, di una compagnia, di una presenza, batte alla porta del Convento.

Il quarto quadro del dramma è il dialogo fra Miguel e l'Abate, un altro aspetto, un'altra forma della stessa compagnia. Il cuore di questa parola, di questo dialogo sta nello svelarsi impetuoso di ciò che è la preghiera. Essa è la possibilità di compagnia che in qualunque momento e in qualunque condizione della vita fa sentire all'uomo la presenza che non può venir meno e, in essa, tutta la precarietà e il limite della presenza umana, che di questa Presenza col P maiuscolo, è segno.

In Girolama, fragile donna che muore, o nella potente figura dell'Abate, limitato dalla grande regola, impossibilitato ad accompagnarlo passo passo, anche il limite della compagnia umana, che di quella Compagnia è segno, diventa parte di sé e non scompare, non si evacua più. Allora diventa sempre più potente il segno, quanto più sembrerebbe scivolar lontano. Don Miguel fa la sua confessione, gridando, disperato di sé e della sua vita, dominato dalla vergogna del suo male. La presenza di Girolama, l'assenza di Girolama fanno ritornare come tutto il vomito della sua vita passata.

Abate: «Via, via, non piangere, o mio ragazzo. No! Non vuol sorridere il mio frate questuante! Non riesco a farlo sorridere! Ma non capisci, allora, figlio mio? Il fatto è che tu pensi a cose che non esistono più (e che non sono mai esistite, figliolo)». Questa è la cosa più grande di tutto il libro: «e che non sono mai esistite». Perché il ricupero della presenza è il mondo nuovo, nuovo, non esiste più il passato. È il perdono.

L'Abate insiste: «Ma è proprio necessario ripeterti che tu sei venuto, che tu sei qui, che tutto va bene? Ma che mai si è ficcato in testa, Signore?».

E Miguel: «Come fate, voi, padre mio, per leggere così nel mio cuore? Non mi avete neppure lasciato il tempo di aprirvi il mio cuore. Come fate, padre mio, per leggere così nel mio cuore, libro chiuso?».

L'Abate: «Con quanta prudenza dobbiamo quindi muoverci! Perché il bruciante cinto di canapa non ama la violenza che estingue il prurito nel sangue, e bisogna tenersi ben cheti in una bara stretta e corta, per poco che ci si rannicchi dentro col sano intento di dormire un'ora o due di un sonno vuoto e profondo come l'istante». [...] «Pazienza. Voi non siete venuto qui, Signore, per essere torturato [nessuno pretende da te più di quello che puoi dare]. La vita è lunga, qui. Occorrono un'infanzia e un'educazione, una giovinezza e un insegnamento, una maturità ansiosa di conoscere il giusto peso delle cose, ed una lenta vecchiaia, innamorata della tomba. [...] Far scorrere il proprio sangue è cosa dolcemente perfida. [...] Sappi anche che è ottima cosa attenersi al verbo ordinato, diga di granito per le vaste acque amare del tuo amore!».

Questa è la descrizione d'una vita consapevole di comunità, in una compagnia. È bene usare le parole, «il verbo ordinato», le parole della comunità ecclesiale, le parole stampate della liturgia, «diga di granito per le vaste acque amare del tuo amore! Perché bisogna che la preghiera sia digiuno, prima di essere banchetto...».

Così, dice l'Abate: «Giorno verrà forse, nel quale Dio ti permetterà di entrare brutalmente, come una scure, nella carne dell'albero, e di cadere follemente, come una pietra, nella notte dell'acqua [...]». Ma aggiunge: «Tutto ciò può ben accadere un giorno, quando il serpente, mio caro figliolo, avrà rifatto la pelle», vale a dire quando la percezione di Dio e di Cristo diventerà quasi trasparenza della pianta e dell'albero e dell'acqua, quando il mistero che è il cuore della pianta, dell'acqua e del metallo, della terra e del cielo, quando il mistero che è il cuore di tutte le cose non avrà quasi più separazione, quasi che il velo sia caduto, come quando oltre un velo si vede disegnarsi il corpo che sta dietro. «Ma occorre iniziare dal principio: ecco l'essenziale. Mordere la pietra e abbaiare: Signore, Signore, Signore! è come stringere piangendo una donna senza cuore. Bisogna lasciare questo ai traditi che sospirano una notte, o sei mesi, o dieci anni.

Qui la vita è lunga. [...] O figlio mio! se tu sapessi quali cose l'uomo sa dire a Dio quando la carne dell'uomo si fa grido, grido di Dio adorante se stesso!

Tu non hai il volto di un uomo che ascolti, Miguel! Tu pensi troppo al tuo dolore. Perché cerchi tu il dolore? Perché temi di perdere quello che ha saputo trovarti? Penitenza non è dolore. Essa è amore».

E l'Abate esce di scena.

Da queste cose nasce il soliloquio finale di Miguel.

«Ecco la luna, ecco la terra, ecco l'uomo debolissimo ed il suo grande dolore. Eppure, malgrado tutte queste cose che esistono, io non oso dire che Tu sei.

Chi sono mai io per osar affermare che Tu sei? Io non sono sicuro, io non ho il diritto di essere certo che di una sola cosa: del mio amore, del mio amore, del mio cieco amore per Te; niente è puro, tranne il mio amore per Te. Niente è grande, tranne il mio amore per Te. Niente è bello, tranne il mio amore per Te. [...] Niente è sincero, tranne il mio amore per Te; niente è reale, tranne il mio amore per Te; niente è immortale, tranne il mio amore in Te. [...]

Il Tuo grande amore mi brucia il cuore, il tuo grande amore – mia sola certezza. [...] O fame di eternità! O gioia! Ahimè! Perdono! Ahimè! Amami!»

C'è l'uomo grande e l'uomo piccolo, c'è l'uomo maturo e c'è il bambino, ma la trama dell'umanità, la trama del cuore è nell'uomo maturo come nel bambino. Noi siamo bambini, ma siamo chiamati per questo cammino, dove nulla è perso, nulla è dimenticato, nulla è, soprattutto, rinnegato. Ma tutto è ritrovato, tutto è, finalmente, trovato. Dall'apparenza della bellezza viene il dolore che la fa riscattare e, finalmente, amare, perché la parola amare non ha nessuna possibilità d'ambiguità: è affermare con stupore, con lo stupore di tutto il proprio essere, l'Altro, il Destino e questa presenza del Destino, questo segno, questo corpo del destino che sono l'altro uomo e il cielo e la terra e tutto ciò che accade. Il mio bene, il mio dolore e il mio male diventano degni di amore, tutto è nuovo. «Tutto è nuovo», dice san Paolo. Ecco, il vecchio è passato, non esiste più, siamo bambini, ma questa è la strada per cui siamo chiamati, di fronte a ogni cosa. Non c'è da dimenticare e da rinnegar nulla, non c'è nessuna mutilazione. C'è soltanto una risurrezione.

Non abbiamo paura, anche se l'apparenza è mortificazione. Mortificazione, cosa vuol dire? È quello che è dentro ciò che dicevano i familiari di Cristo a Gesù nel Vangelo: «Vieni a casa, sei matto». Infatti, anche se tutto ciò corrisponde all'attesa del nostro cuore in modo evidente, appassionante, indiscutibile, si tratta di un annuncio totalmente estraneo alla parola di tutti i giorni e di tutti gli uomini. Ma noi siamo chiamati a diventar grandi così.

Preghiamo il Signore, preghiamo Colui che ci ha dato l'Essere, il Padre, Lui che è il nostro destino, originale consistenza della nostra vita e fine; preghiamo Colui da cui nasciamo ogni istante che renda la nostra vita un frutto così maturo, che ci renda così grandi, che ci faccia percorrere tutto il cammino. Preghiamo, chiediamo Dio.

La preghiera, ricordiamocelo, è chiedere Cristo e basta, perché lì c'è dentro padre, madre, fratello, sorella, sposo, sposa, fidanzato, fidanzata, amico, amica, compagno, uomo, cielo e terra. È dentro lì. Questa, infatti, è la formula della verità: «Dio, tutto in tutti». È la formula dell'esistenza verso l'esplosione di quella verità: «Cristo, tutto in tutti»[2], cioè il Mistero della nostra compagnia, il fragile e precario ma vero segno della sua Presenza. Preghiamo Iddio.

---

[2] Cfr. Col 3, 11.

10.

LA VOCE CHE RESISTE NELLE TENEBRE[1]
Intorno alle poesie e a un romanzo di Pär Lagerkvist

Non sono svedese, e anche per questo la mia presentazione non sarà critico-storica, ma una testimonianza degli aspetti del messaggio di Pär Lagerkvist che mi hanno colpito e mi colpiscono. Gli aspetti del messaggio di questo grande poeta e romanziere svedese, premio Nobel del 1951, forse alla fine potremo identificarli. Ma, anzitutto, preferisco documentarli un po' analiticamente, così come emergono dall'osservazione dell'antologia poetica tradotta in italiano e del suo romanzo, *Barabba*. I romanzi di Lagerkvist tradotti in italiano sono più di uno (sono 4 o 5 e tra i migliori), ma senz'altro quello che gli ottenne il premio Nobel e che lo ha reso famoso è *Barabba*. Una urgenza di senso, di significato è la nota continuata e ripetuta, come nel *Preludio* di Chopin[2], il tema apparentemente monoforme del canto umano. L'esigenza di un significato dentro l'universo, dentro la figura enigmatica dell'universo, trova il suo sentiero, il suo itinerario di cammino, nello sviluppo del senso religioso.

Ecco, posso incominciare col dire che Pär Lagerkvist è come un vulcano di esigenza di significato, ma la sua formazione filosofica lo colloca di fronte alla realtà secondo la versione normale per chi non ha avuto la fortuna di un certo incontro e di una certa tradizione diventata in qualche modo personale. Vale a dire: si trova di fronte alla realtà panteisticamente intesa. Ma questa posizione oscura

[1] Lettura tenuta a un raduno di universitari al Politecnico di Milano nel 1987. Tutte le poesie citate sono contenute in P.F. Lagerkvist, *Poesie*, NCE, Forlì 1991. Il romanzo *Barabba* è edito da Jaca Book, Milano 1985.
[2] Preludio op. 28, n. 15 «La goccia».

il tentativo di trovare risposte e nello stesso tempo lascia inquieto il cuore con le sue domande.

Si potrebbe dire che Pär Lagerkvist persegua il miraggio di una fede adogmatica, senza dogmi, senza precisioni, corrispondente al bisogno religioso dell'uomo, ma senza rivelazione.

Il bisogno religioso si trova realmente di fronte all'enigma. La parola mistero addolcisce il termine enigma e nello stesso tempo introduce qualche vibrazione di vita, ma la speranza è cancellata – si ha, al massimo, un'immagine confusa di positività, senza significato, senza senso, perché un senso deve avere qualche precisione, un significato deve avere qualche precisione. L'uomo di Lagerkvist sta con una speranza cancellata di fronte all'immagine confusa della realtà senza senso. Dunque, l'assetto, il mirabile della realtà rimane percepito a livello puramente "estetico".

Come si vede nella poesia *Il battello della vita*:

> *Presto sarà la morte e tu ignori che risalirai*
> *sul battello della vita verso gli altri paesi*
> *ove su occulte rive ti attende l'aurora.*
>
> *Non essere inquieto. Nell'ora del commiato non temere.*
> *Una mano gentile spiegherà dolcemente le vele*
> *del battello*
> *che dal paese della sera ti porterà a quello del mattino.*
> *Procedi senza timore nel silenzio della riva,*
> *sul molle sentiero attraverso l'erba del crepuscolo.*

Parlavo prima di una immagine di positività confusa, senza senso, e infatti il male è immortale quanto il bene. Pär Lagerkvist ripete questo tema in due dei suoi più bei romanzi, *Il boia* e *Il nano*. E anche in quest'altra poesia, *Il regno del mattino col suo cielo di miele*:

Il regno del mattino col suo cielo di miele
giace e attende con occhi chiusi,
con gli occhi chiusi di tutti i fiori.
Bello come una donna, come mille donne,
giace e chiude gli occhi fiorenti,
giace e sotto il suo cielo di miele attende
il suo re, il giorno impietoso.

Accanto alla vibrazione estetica in cui si riverbera l'inevitabile attrattiva e suggestione del mistero delle cose, accanto, anzi incombente, sta l'impietosità del reale, del giorno in cui si apre l'universo. Il male è immortale quanto il bene; in questa visione panteistica il dualismo è difficilmente evitabile. Il dualismo, questa stabilita, inevitabile e insolubile antinomia bene-male è, diceva Charles Moeller, la tentazione più grave di tutta quanta la cultura universale. Infatti, in tutta la letteratura e in tutte le filosofie un ultimo dualismo è inevitabile e spesso il dualismo rimane, come l'antico manicheismo, l'ultimo verdetto sulla realtà che la coscienza possa dare. Dunque, questa totalità panteistica e contraddittoria, si muove segnata dal mito dell'eterno ritorno, l'unico vero moto, l'unico movimento possibile, come si mostra in questa poesia intitolata *Tra diecimila anni*:

Tra diecimila anni
sotto gli alberi passerà
una fanciulla snella e bionda
con fiori nei capelli,
e sarà ancora primavera.

È un'ora mattinale
qui nel bosco della mia giovinezza,
dove tutto è fresco di rugiada,
ogni sentiero, ogni albero e cespuglio,
tutto ciò che non perisce.

145

Luminoso, il ramo della betulla sfiora
la sua fronte pura,
ed è ancora lei
che un giorno ho amato,
tutto ciò che è stato esiste ancora.

È come se nulla mutasse perché tutto ritorna ed è questo l'unico concetto di movimento della realtà che è in Pär Lagerkvist, almeno nel suo aspetto poetico. Comunque lo scetticismo (non so se chiamarlo scetticismo o dubitatività dolorosa) è l'atteggiamento essenziale dell'uomo dentro questa realtà così panteisticamente intesa.

Sotto le stelle

Qui io voglio rimanere,
muto.
Qui io voglio deporre la mia fronte.
Sacro luogo.
Nessuna parola umana è verità.

«Sacro luogo» è la realtà guardata nel desiderio di capire o di sentire, di percepire il senso, ma nessuna parola umana è verità. Allora, può essere che una parola venga pronunciata, ma è pronunciata così come ne parlava Nikos Kazantzakis, il grande poeta greco contemporaneo a noi. Che razza di libertà è indicata dalla parola libertà in questa immensità panteisticamente intesa e dualisticamente vissuta, in questa situazione di dubitatività dolorosa in cui l'uomo è costretto a vivere?

Allora i muri verranno abbattuti

Allora i muri verranno abbattuti
da possenti angeli
e libertà, libertà verrà proclamata
per tutte le anime,

per la mia anima,
per la tua anima.
Allora si spezzeranno tutte le catene
al segnale di una alta, vertiginosa nota,
così alta che nessuno potrà udirla,
ma noi vedremo le catene infrangersi come cristallo.
[le trombe dell'Apocalisse]
Allora sarà giunta l'età dell'adempimento,
e tutti i cieli si colmeranno di pace,
la pace dei muri caduti,
la pace degli spazi ascendenti,
la pace della libertà
senza confine alcuno.

Ma non lasciamoci ingannare: questa libertà senza soggetto, questa libertà senza responsabilità è piuttosto una situazione come quando qualcosa in gola ci impedisce di respirare bene e, grazie a Dio, improvvisamente, se la gola si libera, uno torna a respirare a pieni polmoni – libertà è come un respiro. Ma essa, nell'immagine che Pär Lagerkvist si fa del mondo, della realtà dell'uomo, è più un sogno che una profezia – come vedremo tra poco.

Voglio prima indicare, quasi tra parentesi, dove stia l'unico rifugio per l'uomo in questa enigmatica e brutale situazione. In questa bellezza così carica di spina e di ferita l'unica fuga dal marasma, quasi l'arresto da questo moto uniforme e totale, è l'amore dell'uomo e della donna. E infatti le liriche più belle sull'amore della storia della letteratura svedese le ha scritte proprio Pär Lagerkvist. Ma, lo dico subito, questa parola che io ho usata – fuga dal moto, "effugium", un rifugio dalla durezza esistenziale – gli fa concepire il rapporto amoroso come astratto dalla concretezza della vita, esattamente come un sogno. L'amore dell'uomo e della donna è un "sogno reale": però in Lagerkvist esso ha veramente tutta la caratteristica e il tipo di incidenza che ha il sogno. Per esempio, *Nulla dovrà turbare questo istante d'intimità*:

> *Nulla dovrà turbare questo istante d'intimità,*
> *nessun vento soffiare, nessuna nube procedere.*
> *Tutto quieto dev'essere al mondo, nessuno dovrà vagare*
> *nella quiete della terra se non tu ed io.*

[Come una *epoché* perenne l'amore può vivere solo tra parentesi]

> *Tutto sarà così come quella volta che io ricordo,*
> *la rugiada mattutina dovrà brillare ai tuoi piccoli piedi,*
> *l'albero offrirsi al sole, tutta la terra raggiare*
> *– tutto così come io ricordo, benché non così come allora.*

Sarebbe importante soffermarsi ma dovrei insistere troppo su questa sfumatura nel concetto dell'eterno ritorno, espressa perché in tale ritorno dell'amore c'è un "ma", c'è un «non così come allora...».

La consistenza di sogno, di sospensione risulta più chiara ancora in questo testo, *Chiudi i tuoi occhi, cara*:

> *Chiudi i tuoi occhi, cara,*
> *che il mondo non vi si specchi,*
> *le cose ci sono troppo vicine,*
> *quelle cose che non siamo noi.*
>
> *Solo noi dobbiamo essere,*
> *il mondo d'attorno è scomparso,*
> *l'amore rivela*
> *tutto. – I tuoi occhi chiudi.*

Oppure, analogamente, *Quando mi chiudi gli occhi*:

> *Quando mi chiudi gli occhi*

con la tua mano gentile
tutto diviene soltanto luce attorno a me
come in un paese assolato.

Tu vuoi immergermi nel crepuscolo,
ma tutto diviene luce!
Tu non puoi donarmi
che luce, soltanto luce.

Ma è una luce senza significato, aggiungo io. Senza realtà
da decifrare, senza realtà da illuminare, senza nessi da scoprire, senza finalità, l'unica drammaticità all'interno della
concezione e dell'esperienza dell'amore, di questa grande
parentesi, è la drammaticità della libertà come risposta a
una proposta.

Felice attesa

Felice attesa
di te che verrai,
quando nella tua anima
quell'amore potrà fiorire
che col suo fuoco mi divora.
Felice attesa
di te, di te.

Il cielo si effonde,
sulla terra è quiete.
Profonda nella mia anima
è quiete, quiete.
Soltanto quel fuoco che mi divora
sorge dal profondo a cercarti.

E tu verrai,
le fiamme ardenti
diverranno fiori

nelle tue mani,
una imperitura primavera in me,
quando tu sussurrerai:
– Ti amo.

L'unico accento di drammaticità è per quella parola di risposta che potrebbe non venire. Infatti, sorge questa parola finale: *L'amore è nulla. L'angoscia è tutto*:

L'amore è nulla. L'angoscia è tutto,
l'angoscia di vivere.
Rendi tu la mia vita deserta e fredda!
Alla ricerca del sole non voglio brancolare.

Non ti chinare così calda sulla mia guancia.
Voglio morire di gelo! Voglio morire di fame!
La gioia, la gioia è nulla
per colui che ha conosciuto il sale del dolore.

Ultimamente il rapporto tra l'uomo e la realtà è dono, qualunque parentesi ci possa far piacere. Perciò la parola angoscia descrive bene il tema più profondo della sensibilità umana espressa in Pär Lagerkvist.

Ma adesso voglio rispondere a una domanda cui ho accennato perianzi: l'uomo nella realtà panteisticamente intesa, dentro lo scontro inarrestabile del bene e del male, dentro questo moto che, invece che diventare freschezza, diventa come un'ossessione, dentro l'eterno ritorno, per cui non si dà veramente nulla di nuovo sotto il sole, come direbbe il pessimista biblico, l'uomo è come un epifenomeno, come la goccia di un'ondata che si infrange contro lo scoglio, cioè la persona non esiste, o meglio, non ha consistenza. Un uomo, dunque, non potrebbe dire "io" nemmeno allungando un po' l'accento sulla "i", perché non fa più tempo a dirlo che è già scomparso.

Come è detto nella poesia *Il morto*:

Tutto esiste, io solo non esisto più,
tutto rimane, l'odore della pioggia sull'erba
che io ricordo e il fruscio del vento negli alberi,
il volo della nube e l'inquietudine nel cuore degli
uomini.

Solo l'inquietudine del mio cuore non esiste più.

Tutto torna, tutto si ripete, ma io, io non esisto. Solo l'inquietudine del mio cuore non esiste più. Eppure, con una felice incoerenza, in un'altra poesia intitolata *Tu che esistevi prima dei monti*, questo "io" inconsistente è capace di porsi dinanzi alla consistenza eterna di un "tu". È una felice incongruenza, perché l'uomo di fronte alla realtà, anche se fortemente controllato, non riesce a non scoprirsi in certi momenti come tensione a un "tu". Questo "tu", è la totalità, è il tutto, ma indicarlo come "tu" rompe la sua grigia uniformità:

Tu che esistevi prima dei monti e delle nubi,
prima del mare e dei venti.
Tu il cui inizio è prima dell'inizio di ogni cosa
e la cui gioia e dolore sono più antichi delle stelle.
Tu che eternamente giovane vagasti sopra le vie lattee
e attraverso le grandi tenebre fra di esse.
Tu che eri solo prima della solitudine
e il cui cuore era colmo di angoscia molto prima del
cuore degli uomini,
non mi dimenticare.
[ma come potresti tu dimenticare]
Ma come potresti tu ricordarmi.
Come potrebbe il mare ricordare la conchiglia
nella quale una volta mormorava.

Non esiste, a mio avviso, grande poeta o grande genio, che in qualche modo, secondo qualche aspetto, non sia profezia di Cristo. Cristo, infatti, è il Dio che si è ricordato di me. Ma, come dicevo, questa poesia rompe, con una certa fortunata incoerenza, la logica dell'uomo che si pone di fronte alla realtà come qualcosa di confuso, uniforme. La poesia che ho letto fa ricordare l'atteggiamento di un altro poeta, Leopardi: «Come potrebbe il mare ricordare la conchiglia / nella quale una volta mormorava» è l'espressione della coscienza di sé come piccola cosa, come infinitesimale cosa di fronte alla totalità infinita. Ma qui la domanda svigorisce e per così dire stempera e fa svanire la personalità. Si pensi, invece, all'atteggiamento di san Francesco d'Assisi nel bosco dell'Averna, quando l'hanno trovato quella mattina, dopo una notte di ricerche. Stava con la faccia nel sottobosco e prono continuamente ripeteva: «Chi sono io? Chi sei tu? Chi sono io?». È la stessa percezione della umana infinitesimalità di fronte all'universo, di fronte alla totalità, di fronte a Dio, ma l'effetto è esattamente l'opposto perché la domanda di Francesco che affermava sempre di più la sproporzione coincideva con una scoperta sempre più chiara della propria consistenza contingente, che sarebbe niente se non ci fosse qualcosa d'Altro.

Tale espressione della contingenza che assume valore per l'esistenza di un grande "tu", anche Pär Lagerkvist la esprime in una sua bella pagina, *Come la nube*:

> *Come la nube,*
> *come la farfalla,*
> *come l'alito lieve su uno specchio.*
>
> *Fortuito,*
> *mutevole,*
> *svanito in breve istante.*

O Signore di tutti i cieli, di tutti i mondi, di tutti i
destini,
che cosa hai inteso fare con me?

È come se improvvisamente nell'arida terra di coscienza di Pär Lagerkvist, dalla coscienza dell'uomo di fronte al grande innominato che è la realtà panteisticamente intesa, scaturisse forte e improvviso l'urto dell'esigenza di significato («O Signore [...] che cosa hai inteso fare con me?»). Ed ecco allora la risposta, una prima risposta, impaziente.

Uno sconosciuto è il mio amico

Uno sconosciuto è il mio amico, uno che io non conosco.
Uno sconosciuto lontano lontano.
Per lui il mio cuore è colmo di nostalgia.
Perché egli non è presso di me.
Perché egli forse non esiste affatto?

Chi sei tu che colmi il mio cuore della tua assenza?
Che colmi tutta la terra della tua assenza?

L'interrogativo non toglie il fatto che ciò che costituisce la presenza della realtà è il suo significato. «Chi sei tu [...] / che colmi tutta la terra della tua assenza?». Non sappiamo quale sia il significato, ma se la terra e la realtà hanno una consistenza è per un significato che devono avere. Per questo Lagerkvist lo chiama «amico», sconosciuto ma amico, «uno che io non conosco». Le alternative di pensiero, le reazioni del cuore sono diversamente possibili «perché egli non è presso di me», non lo vedo, o «perché egli forse non esiste affatto?».

Il dio che non esiste

Il dio che non esiste,
è lui che accende le fiamme nella mia anima.

Che fa della mia anima una landa deserta,
una terra fumigante, una terra desolata che fuma dopo
l'incendio.

Perché egli non esiste
È lui che redime la mia anima facendola più povera
e riarsa.
Il dio che non esiste.
Il terribile dio.

Questa risposta ha un solo difetto: è frutto di impazienza verso il mistero che prima ha notato essere lontano lontano. Il passaggio al «non esiste» è una opzione, non è una ragione in atto, applicata. La risposta è impaziente e irrispettosa verso il mistero: esso diviene il «terribile dio». Terribile, perché il significato, l'esistenza del significato nelle cose è determinante la posizione dell'uomo, del suo cuore, del suo pensiero; è determinante, nonostante la negazione. Infatti, anche se uno nega agisce, lavora magari nell'angoscia, ma sospira, aspira per il significato, ipotizzando il significato, nell'attesa del significato. È terribile questo Dio che è il significato negato della realtà. Ma come Lagerkvist dice in un'altra poesia, *Se credi in dio e non esiste un dio*, poiché la voce che reclama un significato esiste, la realtà dell'esistenza di un significato è più grande della sua negazione. La possibile esistenza di un significato, di un senso è più determinante la coscienza della realtà che non l'opzione di nichilismo con cui l'io viene arbitrariamente fatto coincidere col nulla. C'è un residuo, dove un'incombente positività è vincitrice, in qualunque caso: una positività che riassume tutte le tre poesie prima citate. *Fede* qui è parola usata per indicare l'affermazione dell'esistenza di Dio in senso un po' improprio, per noi cristiani. Ma come mai la questione si pone? Allora è davvero qualcosa di incomprensibilmente grande. «Perché giace una creatura

[...] ed invoca qualcosa che non esiste?». Strutturalmente, fra un miliardo di secoli, sarà ancora così.

In quest'altra poesia, *Solo quel che arde*, Lagerkvist spiega e documenta come ciò che rende il fenomeno umano eccezionale è proprio l'esigenza di senso:

> *Solo quel che arde*
> *diviene cenere.*

[perché è stata investita dal vento dell'urgenza di significato]

> *Sacra è la cenere.*
>
> *Tu mi sfiorasti*
> *e io divenni cenere.*
> *Il mio io, il mio essere divenne cenere, consumato da te.*
>
> *Così dice l'amante e il credente.*
> *Tu mi sfiorasti. Io sono sacro.*
> *Non io ma la mia cenere è sacra.*

«Non io ma la mia cenere è sacra», vale a dire: il mio io in quanto investito dal turbine dell'esigenza del significato.

Ma è forse quest'ultima poesia – *Io sono la stella* – che segna l'antinomia caratteristica di tutta quanta la produzione di Pär Lagerkvist. Il senso della realtà è solo nell'anima, il luogo dove la realtà diventa problema di significato è l'umano e questo problema vive, può vivere tranquillamente solo come commozione estetica. D'altra parte non ci si può fermare così.

> *Io sono la stella che si specchia in te.*

[La stella è il mondo]

> *La tua anima dovrà essere quieta,*
> *altrimenti non potrò specchiarmi in essa.*

[tranquilla, serena]

La tua anima è la mia dimora. Io non ho altro.
Ma come potresti tu essere quieta quando la mia luce
palpita nella tua anima?

Con questa urgenza di significato, come puoi fermarti solo a contemplare esteticamente? Non è possibile! In questa antinomia credo si possa riassumere tutto quanto il sentimento dell'umano che ha Lagerkvist. Esso parte da una percezione della realtà totalmente anonima, contraddittoria, perciò angosciante come un moto senza drammi, come un eterno ritorno, in cui l'unica parentesi stranamente bella è l'amore, a patto che sia concepito come eliminazione di tutto il resto, e non "in funzione di". In questa concezione la consistenza dell'io è nulla, eppure c'è questo soffione boracifero che è dato dall'esigenza di significato impetuoso e vorticoso, irrefrenabile, su cui si può fare tutta la dialettica possibile e immaginabile, ma che permane: «perché la voce esiste?». È un problema strutturalmente inevitabile.

Credo che la ragione dell'uomo, credo che l'uomo, abbandonato alla sua forza razionale, non possa dire meglio di quanto Pär Lagerkvist riesce a dire con una parola carica di affezione. Ho usato il termine "affezione", perché la ragione non è veramente tale, mi sembra, se non quando trascina con sé, implicando, coinvolgendo con sé la totalità dell'io e perciò l'uso vero della ragione non può che essere la sorgente di una affezione. Non si può parlare di uomo razionale senza che in esso un'onda affettiva segua l'apertura della ragione. E comunque l'uomo abbandonato alla sua ragione sta di fronte alla realtà intesa ultimamente come enigma. Credo che le caratteristiche di qualsiasi filosofia seria siano l'idea panteistica, la contraddittorietà fra bene e male, il concetto e l'immagine di eterno ritorno, senza il vero dramma di una responsabilità, di una scelta di libertà.

C'è una sola ipotesi che potrebbe spaccare questo orizzonte di parole grandi e grevi come pietre sopra un sepolcro, ed è l'ipotesi che la realtà nel suo valore ultimo, nella sua consistenza ultima, si riveli all'uomo. Vale a dire: l'ipotesi che la realtà nella sua consistenza ultima non sia quel grigiore uniforme, di cui parla in tante sue poesie e in tanti suoi romanzi Pär Lagerkvist, ma sia qualcosa a cui dire "tu". Istintivamente, l'uomo ad un certo punto, anche incoerentemente, lo fa. Non è un "tu" come quello che si dice alla propria madre, è diverso, nel senso che è più profondo, è molto più "tu" di quel modo con cui normalmente si dice: "tu". Solo nella Rivelazione, nell'ipotesi della Rivelazione, l'uomo può procedere nel suo rapporto con la realtà con una consapevolezza costruttiva e cominciare a dare contenuto esaltante, correttivo, soddisfacente alla parola "significato" verso cui tutto in lui lo urta.

Ma Pär Lagerkvist, che si è formato in un clima protestante liberale come quello svedese a cavaliere fra l'Ottocento e il Novecento, se ha commesso un errore dal punto di vista razionale lo ha commesso perché la ragione non può escludere a priori nessuna ipotesi, altrimenti andrebbe contro la categoria della possibilità, che è la categoria essenziale alla natura della ragione. Pär Lagerkvist ha radicalmente escluso (non ce n'è alcun cenno nelle sue poesie) l'ipotesi della Rivelazione.

Però gli fu dato il premio Nobel per un romanzo, cui accennerò da ultimo. Esso è estremamente significativo della visione e della concezione che è passata nella più alta cultura europea e mondiale in questi ultimi cento anni, specialmente negli ultimi cinquanta. Infatti, gli fu dato il Nobel con questa motivazione: Barabba è l'uomo autonomo, dunque l'uomo misura delle cose, l'uomo autonomo che non ha bisogno, che è totalmente anarchico. È cioè l'uomo che si possiede, e che possiede il suo rapporto con gli altri e con la realtà in modo totalmente anarchico, in gergo si direbbe senza legge né fede, avendo come ideale che tutti lo temano e nessuno riesca a bloccarlo, la forza del potere non essendo nulla di fronte alla sua forza e alla sua scaltrezza. È la suggestiva incarnazione dell'esperienza della violenza, in tutti i sensi.

Ecco come Papini, nella sua Introduzione alla prima versione italiana del romanzo, riassume la figura di Barabba: «Barabba è l'uomo, l'uomo per eccellenza che ha salva la vita ad opera di Cristo e non sa perché». Vale a dire: in questa sua totale autonomia, in questa sua volontà di violenza, perché ha una capacità di potere cui nulla può resistere, Barabba soggiace a un'esperienza strana: capisce che tutti i valori più grandi li ha avuti da Uno e non sa perché. Barabba ha avuto la vita perché hanno ammazzato Cristo liberando lui. L'uomo moderno, il grande colto moderno capisce che tutti i valori che lo hanno reso capo del mondo – il valore della persona, il valore della materia, il concetto di progresso, il valore della libertà, il concetto di lavoro – sono tutti valori e concetti che ha ricevuto dalla tradizione ebraico-cristiana e che solo col cristianesimo sono entrati nella cultura universale. Ma non sa perché, non sa rendersene ragione, perché a Cristo Barabba non crede. Vede quello che avviene in nome di Cristo vicino a sé: ad esempio, la ragazza di cui lui abusava come voleva che diventa forte da resistergli, con suo grave scorno. Oppure sente la profondità di affermazioni riprodotte dai discorsi di quell'uomo. Così che Barabba, avuta salva la vita per quell'uomo crocifisso, non si sente più come prima, diventa più violento di prima appunto per togliere qualcosa che lo rende irrequieto, stranamente, lui che era stato sempre calmo e sicuro. Tutto quello che di grande l'uomo moderno ha gli viene da Cristo, eppure non riesce ad avere quella fede che con una certa ammirazione vede documentata attorno a sé, dai piccoli, nella plebe. Ma il tempo vince ogni volontà e pretesa di autonomia e blocca ogni tipo di violenza. Il tempo infatti può essere considerato come una violenza che sull'Ulisse antico vince catastroficamente, inevitabilmente: tutti i divi dell'antichità, infatti, sono uccisi, mentre l'unico che se l'è scampata è stato Ulisse, ed è morto vecchio. Ma per un uomo così irrequieto, che ha girato tutto il mondo, quale umiliazione più grande, quale catastrofe più grande che quella di morire vecchio, bloccato nella sua isola!

Il tempo vince e, infatti, Barabba vien preso per la seconda volta e non c'è più salvezza: viene «damnatus ad metalla», condannato alle miniere romane. Mentre si trova incatenato con un allampanato schiavo frigio, man mano che passano le ore e i giorni sente in questo suo compagno di condanna uno strano atteggiamento, sente il fascino e nello stesso tempo la ripugnanza di una forza, della presenza in lui di una forza che lui non conosce. Ne ha quasi invidia, perché quello schiavo ha quella forza di cui lui era stato sempre il re, per così dire, il luogo geometrico. Un giorno, pigiando sulla domanda, viene a sapere. Quel frigio gli dice: «Vedi, sulla targa che ogni schiavo ha al collo c'è il titolo dell'imperatore, ma io non sono schiavo dell'imperatore, perché io sono servo di uno solo, di Cristo». Quello schiavo era cristiano.

Immaginatevi come resta questo schiavo frigio quando viene a sapere che il suo compagno di condanna è il Barabba che Cristo ha salvato. Questo poveretto non si riesce a capacitare del perché Barabba non creda. Ed è così commovente nell'insistenza che ad un certo punto anche Barabba, esprimendo non tanto una compassione, quanto piuttosto per tranquillizzare il suo compagno nell'angoscia con cui gli esprimeva il suo invito, ma soprattutto per una domanda fatta a se stesso, come per una preghiera inconsapevole, anche Barabba, dunque, tira il fregio sulla sua medaglia e incide il segno di Cristo e dice: «Anch'io credo».

Per causa di una spia i due vengono tratti davanti al pretore romano, accusati di essere cristiani. Lo schiavo frigio confessa tranquillamente: Dio è il significato della realtà, prima di tutto perché è determinante l'anima, che è come landa deserta, terra fumigante, terra desolata che fuma dopo un incendio: questa angoscia della vita è determinata dalla categoria del significato; poi, e questo è terribile, perché è determinante tutto, nonostante la negazione.

Barabba, invece, nega. Viene in mente Nietzsche, quando dice: «Questo desiderio del vero, del certo, del reale, come lo odio». Questa è un'opzione, saremmo tentati di dire, fanatica, è una opzione irosa, come quando uno parla in un accesso di rabbia e senza ragione. Invece, in Lagerkvist abbiamo uno sviluppo profondamente più ragionevole. Le sue poesie sono tutte uno sviluppo che conduce all'invocazione finale di Barabba verso la tenebra, «come se parlasse con essa», anch'egli dopo varie peripezie finito crocefisso, come il Gesù a cui deve la vita.

Ha scritto Lagerkvist in una sua poesia già citata, *Se credi in dio e non esiste un dio*:

Se credi in dio e non esiste un dio,
allora è la tua fede miracolo anche maggiore.
Allora è davvero qualcosa di incomprensibilmente grande.

Perché giace una creatura nel fondo delle tenebre ed invoca
qualcosa che non esiste?
Perché così avviene?
Non c'è nessuno che ode la voce invocante nelle tenebre. Ma
perché la voce esiste?

11.

RAVVIVARE L'UMANO[1]
Su alcune lettere di E. Mounier

Leggiamo alcune lettere di Emmanuel Mounier, scritte per lo più alla moglie.

È per un intento glorioso che lo facciamo, non per un intento malinconico. Sono lettere che partono dal dolore, così come parte e finisce col dolore la seconda parte del *Trio* di Schubert; ma esprimono l'esplosione di un miracolo. Se il miracolo è il riverbero nel frangente di tempo della perfezione e della grandezza, della grandiosità e della totalità dell'eterno, dell'infinito, qui il miracolo c'è. Leggo queste pagine perché il miracolo può essere, deve essere – non dico allo stesso modo, ma anche così – nella nostra vita quotidiana.

Emmanuel Mounier, per chi non lo sapesse, è uno dei più grandi pensatori francesi, uno dei nomi più alti dell'intellettualità francese del Novecento. Fondatore della rivista più famosa di Francia, «Esprit», fu a capo della corrente "personalista"; da lui dipesero moltissimi scrittori e pensatori. Fu un grande, veramente un grande cattolico che ha capito fino in fondo il messaggio cristiano.

Lui e sua moglie Paulette hanno appena avuto, finalmente, una desideratissima creatura, una bambina, la quale dopo poco tempo, però, si ammala di meningite e per parecchie settimane sta tra la vita e la morte. Ma questa incertezza è superata da un altro interrogativo peggiore: c'è la possibilità, infatti, che rimanga idiota tutta la vita. Se sopravvive, sarà idiota per tutta la vita.

---

[1] Lettura tenuta a un raduno di universitari a Corvara, nell'agosto 1987. I testi di E. Mounier sono in *Lettere e diari*, Città Armoniosa, Reggio Emilia 1982, e in *Lettere sul dolore*, BUR, Milano 1995.

La bambina, per qualche tempo, sopravvive e nella casa di Emmanuel Mounier chiunque fosse invitato (anche ministri, poiché tutti i grandi d'Europa vi son passati) avrebbe visto al posto d'onore della tavola la piccola idiota, il segno della morte di Dio, della croce di Cristo.

«Che senso avrebbe tutto questo se la nostra bambina fosse soltanto una carne malata, un po' di vita dolorante [sommersa chissà dove, un po' di vita accidentata], e non invece una bianca piccola ostia [vale a dire questa partecipazione al sacrificio di Cristo] che ci supera tutti [che supera tutto quel che facciamo], un'immensità di mistero e di amore che ci abbaglierebbe se lo vedessimo faccia a faccia; se ogni colpo più duro non fosse una nuova elevazione [son questi gli accenti che mostrano il grande passaggio, l'accendersi del miracolo] che ogni volta, allorché il nostro cuore comincia ad abituarsi al colpo precedente, si rivela come una nuova richiesta di amore [non adattarsi, ma risvegliare la ferita]. Tu senti le piccole povere voci supplicanti di tutti i bambini martiri del mondo [ecco la cosmicità, per il cristiano, anche del più piccolo gesto] e il dolore che la loro infanzia sia andata perduta nel cuore di milioni di uomini che ci chiedono, come un povero al margine della strada: "Diteci, voi che avete il vostro amore, le mani piene di luce, volete donarci tutto questo". Se a noi non resta che soffrire (subire, patire, sopportare), forse non ce la faremo a dare quello che ci è stato chiesto. Non dobbiamo pensare al dolore come a qualcosa che ci viene strappato, ma come a qualcosa che noi doniamo, per non demeritare del piccolo Cristo che si trova in mezzo a noi, per non lasciarlo solo ad agire col Cristo. Non voglio che si perdano questi giorni, dobbiamo accettarli per quello che sono: giorni pieni d'una grazia sconosciuta» (a Paulette 20.3.1940).

Non è un discorso, ma questo capovolgimento, dove il limite non esiste, è il miracolo, di cui un uomo può vivere.

Scrive Mounier a una sua amica: «[...] Lo so bene che è un giudizio medico e solo un giudizio medico. Ci sono dei miracoli segreti. Ma se noi rifiutiamo ogni giorno il miracolo della santità, il solo che dipende da noi, come possiamo chiedere dei miracoli gratuiti? Dobbiamo partecipare alla vittoria della passione sul tempo, sugli uomini che incontro per strada, sui burocrati intorno a me che mi esasperano, sulla mediocrità da cui mi lascio sommergere, con qualcosa di ben diverso dagli articoli o dagli *slanci generosi*. Non so per chi operi questo povero volto offuscato, questa ferita che ci starà accanto forse per molti anni» (a J. Martinaggi, 3.3.1940).

A due amici: «In che sogno è immersa la nostra piccola Françoise [...]. Bisogna dunque dare tutto. Aiutateci».

Quando, per la seconda guerra mondiale, Mounier si trovò sotto le armi, anche di là continuò a scrivere a sua moglie: «Sento come te una grande stanchezza e una grande calma mescolate insieme, sento che il reale, il positivo sono dati dalla calma, dall'amore della nostra bambina che si trasforma dolcemente in offerta [lei, che non si muove più, questo amore della bambina che si trasforma in offerta, in una cosa apparentemente inutile], in una tenerezza che l'oltrepassa, che parte da lei, ritorna a lei, ci trasforma con lei, e che la stanchezza appartiene soltanto al corpo che è così fragile per questa luce e per tutto ciò che c'era in noi di abituale, di *possessivo,* con la nostra bambina che si consuma dolcemente per un amore più bello. Dobbiamo essere forti con la preghiera, l'amore, l'abbandono, la volontà di conservare la gioia profonda nel cuore» (a Paulette, 11.4.1940).

Il giorno dopo: «Eccoci nella stessa condizione, poveri bambini deboli come sempre, le gambe stanche, il cuore stanco e piangente. E la stessa mano si posa sulla nostra spalla, mostrandoci tutta la miseria degli uomini, tutte le lacerazioni degli uomini, coloro che odiano, uccidono e fanno smorfie, e coloro che sono odiati, uccisi, deformati per tutta la vita, e tutto il cinismo dei ricchi; e poi ci mostra questa bambina colma delle nostre speranze future. E non ci dice se ce la prenderà o se ce la ridarà, ma lasciandoci nell'incertezza, ci sussurra dolcemente: "Datemela per loro". E soavemente, insieme, cuore a cuore, senza conoscere se Egli se la terrà o ce la ridarà, ci prepariamo a donargliela. Poiché le nostre povere mani deboli e peccatrici non sono in grado di tenerla, e soltanto se l'avremo messa nelle sue mani avremo qualche speranza di ritrovarla; in ogni caso, siamo sicuri che tutto ciò che accadrà, a partire da quel momento, sarà positivo [Ecco, questo viene da sé nella nostra condizione di cristiani].

Ci troviamo, qualunque cosa avvenga, nella nostra vera condizione di cristiani.

È molto bello essere cristiani per la forza e la gioia che l'essere cristiani dà al cuore, la trasfigurazione dell'amore, dell'amicizia, delle ore, della morte [...]» (a Paulette, 12.4.1940).

Un altro giorno: «Tutti i nostri desideri d'infanzia resistono, pur nello strazio e nel male; ma bisogna dire che avvertiamo intensamente in questi giorni, di partecipare, con la sofferenza trasfigurata (l'altra è spaventosa, non questa) alla nostra condizione di uomini [quella bambina inerte li trasforma in uomini, genera un'esperienza per cui addirittura un genio si sente trasformato in uomo].

Uno dei miei ricordi indimenticabili è il volto con il quale X mi annunciò la morte di suo figlio, nato da appena due ore. Una specie di gioia sovrana su un turbamento totale, ma che non era già più un turbamento; un volto regale, di una semplicità da bambino. Nessun discorso sulla gioia della sofferenza cristiana farà comprendere, come averlo visto una sola volta, un simile volto ad uno dei punti più alti della sua esistenza. Qualunque cosa succeda, è questo il miracolo che noi possiamo compiere per la nostra bambina; per meritare il miracolo che verrà comunque, dato che lo chiediamo con tutta la nostra buona volontà: tanto il miracolo visibile della guarigione quanto il miracolo invisibile, ottenuto per mezzo di una sorgente infinita di grazia di cui un giorno conosceremo le meraviglie. Niente assomiglia di più al Cristo dell'innocenza sofferente» (a Paulette, 16.4.1940).

Da un taccuino di guerra: «Presenza di Françoise. Storia della nostra piccola Françoise, che sembra continuare la sua esistenza con dei giorni privi di storia.

Il primo sforzo è stato quello di superare la psicologia della sventura. Questo miracolo che un giorno si è spezzato, questa promessa su cui si è richiusa la lieve porta di un sorriso cancellato, di uno sguardo assente, di una mano senza progetti, no, non è possibile che ciò sia casuale, accidentale. "È toccata loro una grande disgrazia." Invece non si tratta di una disgrazia: siamo stati visitati da qualcuno molto grande. Così non ci siamo fatti delle prediche. Non restava che fare silenzio dinanzi a questo nuovo mistero, che poco a poco ci ha pervaso della sua gioia. [...] Ho avuto la sensazione, avvicinandomi al suo piccolo letto senza voce, di avvicinarmi ad un altare, a qualche luogo sacro dove Dio parlava attraverso un segno. Ho avvertito una tristezza che mi toccava profondamente, ma leggera e come trasfigurata. E intorno ad essa mi sono posto, non ho altra parola, in adorazione. Certamente non ho mai conosciuto così intensamente lo stato di preghiera come quando la mia mano parlava a quella fronte che non rispondeva, come quando i miei occhi hanno osato rivolgersi a quello sguardo assente, che volgeva lontano, lontano dietro di me, una specie di cenno simile allo sguardo, che vedeva meglio di uno sguardo. [...] Per molti mesi, avevamo augurato a Françoise di morire, se doveva rimanere così com'era. Non è sentimentalismo borghese? Che significa per lei essere disgraziata? Chi può dire che essa lo sia? Chi sa se non ci è domandato di custodire e di adorare un'ostia in mezzo a noi, senza dimenticare la presenza divina sotto una povera materia cieca? Mia piccola Françoise, tu sei per me l'immagine della fede. Quaggiù, la conoscerete in enigma e come in uno specchio.

In questa storia, la nostra *disgrazia* ha assunto un'aria di evidenza, una familiarità rassicurante, o, piuttosto, non è la parola giusta, impegnata: un richiamo che non dipende più dalla fatalità.

La guerra è scoppiata, tanto da coinvolgerla nella grande miseria comune. Così immerso, il peso è divenuto più lieve. La guerra ha offerto a P. i momenti più atroci della solitudine e dell'angoscia, in settembre, in aprile. Ma, nonostante questi momenti, essa ha finito per guarirci dalla malattia di Françoise. Quanti innocenti straziati, quanti innocenti calpestati! Questa piccola bambina immolata giorno per giorno è stata forse la nostra vera presenza nell'orrore dei tempi. Non si può soltanto scrivere libri. Bisogna pure che la vita ci stacchi ogni tanto dall'impostura del pensiero, del pensiero che vive sulle azioni e i meriti altrui.

Ora che la minaccia di aprile si è allontanata, ora che sembra si debba continuare a vivere insieme, Françoise, piccola mia, sentiamo una nuova storia intervenire nel nostro dialogo: occorre resistere alle forme facili della pace segnata dal destino, rimanere padre e madre, non abbandonarti alla nostra rassegnazione, non abituarci alla tua assenza, al tuo miracolo; donarti il tuo pane quotidiano di amore e di presenza, continuare la preghiera che tu rappresenti, ravvivare la nostra ferita, perché questa ferita è la porta della presenza, restare con te.

Forse occorre invidiarci questa paternità incerta, questo dialogo inespresso, più bello dei giochi infantili» (Conversazioni X, 28.8.40).

Voi, universitari, che siete abituati alle cose scientifiche, sapete che l'ipotesi di lavoro giusta è quella che valorizza tutte le altre.

La fede è l'ipotesi capace di valorizzare la vita e l'attimo, di trasformare in vita la morte e di render potenza creativa quel che sarebbe una sepoltura.

Le ultime parole di questa lettera di Mounier («restare», «ravvivare») indicano la possibilità di essere coscienti di sé momento per momento, con una positività e una profondità con cui non esiste possibilità di paragone. Avete tutta la vita per provarlo. Una umanità così non può essere destata da nulla se non dalla fede, da una comunione che è indizio di liberazione.

12.

LA LIBERTÀ E LA GRATUITÀ[1]
Intorno a due pagine di Charles Péguy

Prima di suggerire alcuni aspetti di questa suprema dote che ci definisce – l'uomo, infatti, è definito dalla sua libertà – permettetemi di leggere, per introdurre l'argomento, un pezzo del *Il mistero dei santi innocenti* di Péguy.

Dice Dio [...]:
Bisogna amare queste creature così come sono.
Quando si ama un essere, lo si ama com'è.
Non ci sono che io che sono perfetto.
È anche per questo forse
Che so cos'è la perfezione
E che chiedo meno perfezione a questa povera gente.
Lo so, io, quant'è difficile.
E quante volte quando penano tanto nelle loro prove
Ho voglia, sono tentato di metter loro la mano sotto la pancia
Per sostenerli nella mia larga mano
Come un padre che insegna a nuotare a suo figlio
Nella corrente del fiume
E che è diviso fra due sentimenti.
Perché da una parte se lo sostiene sempre e se lo sostiene troppo
Il bambino ci confiderà e non imparerà mai a nuotare.
Ma anche se non lo sostiene bene al momento buono
Quel bambino si troverà a bere.
Così io quando insegno loro a nuotare nelle loro prove
Anch'io sono diviso tra questi due sentimenti.

[1] La meditazione si è svolta alla fine del mese di luglio del 1991, durante un corso di Esercizi spirituali per i *Memores Domini*. I brani citati si trovano in Ch. Péguy, *I misteri*, Jaca Book, Milano 1984.

Perché se li sostengo sempre e li sostengo troppo
Non sapranno mai nuotare da sé.
Ma se non li sostengo bene al momento giusto
Quei ragazzi potrebbero forse bere.
Questa è la difficoltà, ed è grande.
E tale è la duplicità stessa, la doppia faccia del problema.
Da una parte bisogna che raggiungano da sé la salvezza. È la
    regola.
Ed è formale. Altrimenti non sarebbe interessante.
[Altrimenti non è la loro salvezza. Non è la loro felicità]
Non sarebbero uomini.
Ora io voglio che siano virili, che siano uomini e che si guadagni-
    no da soli
I loro speroni di cavaliere.
D'altra parte non bisogna che bevano troppo
Per aver fatto un tuffo nell'ingratitudine del peccato.
Tale è il mistero delle libertà dell'uomo, dice Dio,
E del mio governo verso di lui e della sua libertà.
Se lo sostengo troppo, non è più libero
E se non lo sostengo abbastanza, cade.
Se lo sostengo troppo, espongo la sua libertà
E se non lo sostengo abbastanza, espongo la sua salvezza:
Due beni in un certo senso quasi ugualmente preziosi.
Perché quella salvezza ha un valore infinito.
Ma cosa sarebbe una salvezza che non fosse libera?
Come sarebbe qualificata?
Noi vogliamo che questa salvezza l'acquisti da sé.
Lui stesso, l'uomo. Sia procurata da lui.
Venga in un certo senso da lui stesso. Tale è il segreto,
Tale è il mistero della libertà dell'uomo.
Tale è il valore che noi diamo alla libertà dell'uomo.
Perché io stesso sono libero, dice Dio, e ho creato l'uomo a mia im-
    magine e somiglianza.
Tale è il mistero, tale è il segreto, tale è il valore
Di ogni libertà.

Questa libertà di questa creatura è il più bel riflesso che ci sia nel mondo

Della Libertà del Creatore. È per questo che noi vi diamo,

Che noi vi poniamo un suo proprio valore.

Una salvezza che non fosse libera, che non fosse, che non venisse da un uomo libero non ci direbbe più nulla. Che sarebbe mai?

Che vorrebbe dire?

Che interesse presenterebbe una tale salvezza?

Una beatitudine da schiavi, una salvezza da schiavi, una beatitudine serva, in che cosa vorreste che m'interessasse? Può forse piacere essere amati da degli schiavi?

Se non si tratta che di dar prova della mia potenza, la mia potenza non ha bisogno di questi schiavi, la mia potenza è conosciuta abbastanza, si sa abbastanza bene che io sono l'Onnipotente.

La mia potenza risplende abbastanza nelle sabbie del mare e nelle stelle del cielo.

Non è contestata, è nota, risplende abbastanza nella creazione inanimata.

Risplende abbastanza nel governo,

Nell'avvenimento stesso dell'uomo.

Ma nella mia creazione animata, dice Dio, ho voluto di meglio, ho voluto di più.

Infinitamente di meglio. Infinitamente di più. Perché ho voluto questa libertà.

Ho creato questa libertà stessa. Ci sono molti gradini nel mio trono.

Quando una volta si è provato ad essere amati liberamente, le sottomissioni non hanno più nessun gusto.

Quando si è provato ad essere amati da uomini liberi, il prosternarsi degli schiavi non vi dice più nulla.

Quando si è visto san Luigi in ginocchio, non si ha più voglia di vedere

Quegli schiavi d'Oriente prostrati a terra

Quanto son lunghi bocconi per terra. Essere amati liberamente,
Null'altro ha lo stesso peso, ha lo stesso valore.
È certo la mia più grande invenzione.

«La mia più grande invenzione»: che quei due che incontrano Gesù sulle sponde del Giordano la prima volta, Andrea e Giovanni, sono liberi. Questi due che, come nel bassorilievo di Andrea Pisano[2], remano verso l'altra riva, verso la riva del significato misterioso, sono stati creati, destati, risvegliati, lanciati, diretti e sostenuti da quella grande Presenza; eppure sono liberi. Questo è il paradosso. Così è per noi. Dobbiamo gridare: "Dio, vieni a salvarmi!". Ma gridare: "Dio, vieni a salvarmi" è libertà: occorre la tua libertà, amico.

Vorrei dire quattro cose sulla libertà.
1. – Prima di tutto voglio ricordare quel che è detto ne *Il senso religioso*[3] sulla libertà. Lì si dice che la libertà non è come pensano tutti: tutti, infatti, pensano che la libertà sia fare quello che pare e piace, ciò che si vuole, ciò che viene in mente. E invece ne *Il senso religioso* si dice che è un'altra cosa. Prima di definire questo essere «un'altra cosa» della libertà da come la pensano tutti, vediamo come si fa a capire che è un'altra cosa. Come si è aiutati a capire che la libertà non è fare quello che pare e piace?
Bisogna sempre partire dall'esperienza originaria. Quando l'uomo originariamente si sente libero, l'uomo nel senso di *io* e di *tu*? Quando ha un desiderio e lo soddisfa. Il passaggio dal desiderio alla soddisfazione fa sentire che si è liberi. Allora, dice *Il senso religioso*, prolunghiamo questa

---

[2] Il bassorilievo riprodotto sul manifesto pasquale del 1994 ritrae due vogatori su una barca, protesi al raggiungimento dell'altra riva, emblema dell'essere e della soddisfazione totale. Alle loro spalle, seduto sulla stessa barca con loro, un uomo, che guida e sostiene il loro impegno.
[3] L. Giussani, *Il senso religioso*, Milano 1995.

osservazione fino al termine. L'uomo ha un desiderio di felicità, cioè di soddisfazione totale: dunque il realizzare questo è la libertà. La libertà è la felicità e la soddisfazione totale. Prima di questa l'uomo è libero disperatamente. Non è libero. Pur scegliendo tra questo e quello, ha una libertà disperatamente non libera. Si soddisfa ed è come la Samaritana: va al pozzo, beve e deve ritornare ancora, o come gli alcolisti che stanno lì a parlarti, assicurandoti che va tutto bene, poi chiedono le centomila e vanno via – se tu li seguissi, vedresti che andrebbero spudoratamente a prendersi un bicchier di vino.

«Se riconoscete che io ho delle cose da dirvi, seguitemi, se verrete con me, conoscerete la verità e la verità vi renderà liberi», dice Gesù nell'ottavo capitolo di san Giovanni, versetto 31. La verità vi renderà liberi. La libertà è la capacità del destino, è la capacità del fine, è la capacità della felicità, è la capacità della soddisfazione totale, è la capacità della verità. Questa è la libertà.

Un pensiero di Papini: «Il seme è libero, ma soltanto di trasformarsi in albero [il seme di pioppo è libero di trasformarsi in pioppo. Ognuno di noi è libero ma solo di diventare ciò che nella sua originale essenza era già. La nostra originale essenza è la sete di felicità; l'uomo è libero di diventare ciò che nella sua originale essenza era già: sete di felicità]. Gli ostacoli alla naturale crescita si chiamano schiavitù». La libertà è capacità di Infinito, capacità di rapporto con l'Infinito. Come dice Papini: «L'originale essenza dell'uomo è rapporto con l'Infinito». «Facciamo l'uomo a nostra immagine e somiglianza», dice la Genesi. La libertà è capacità di soddisfazione totale, è sete di felicità, è capacità – direbbero i filosofi – del fine. La libertà per quei due lì, che sono il nostro simbolo[4], cos'è? È raggiungere l'altra riva, la riva dove il Mistero sta libero e luminoso, tenero e cordiale, per abbracciarmi. Sono stati

---

[4] Il riferimento è ancora al manifesto pasquale (vedi nota 2).

lanciati nel mare della vita solo per quello. La libertà è la capacità della felicità, perciò solo l'annuncio cristiano, solo l'annuncio che l'angelo grida nel mondo frastornato – pieno di frastuoni, nel mondo piallato dalla nostra anonimità, determinato dal potere – è l'unica voce che grida la libertà dell'uomo. L'unica.

Ne *Il senso religioso* c'è un'osservazione: c'è un altro tipo di pensiero che sembra esaltare la libertà. Qual è? L'anarchia, che dovrebbe essere l'affermazione della libertà per la libertà. E infatti – come ho scritto in quel testo – ci sono due soli tipi di uomini degni di essere chiamati uomini: chi riconosce l'altra riva, chi riconosce Dio, il Mistero per cui l'uomo è fatto d'Infinito, la felicità per cui è fatto, e l'anarchico, che afferma la libertà al di sopra di ogni cosa, contro tutto e tutti[5]. Ma tra le due posizioni la seconda è evidentemente menzogna, è un urlo volontaristico senza capo né coda, anzi, per affermar la libertà contro tutto e tutti deve distruggere qualche cosa.

Il primo punto è dunque un richiamo a che cos'è la libertà, quella libertà di cui così bene Péguy fa parlar Dio: «Una salvezza che non fosse libera, che non fosse, che non venisse da un uomo libero non ci direbbe più nulla».

Dobbiamo stringerci insieme, perché è difficile andar contro tutta la corrente. Infatti, quel che sentiamo e che ci diciamo tra noi è difficile da tenere, perché va tanto contro corrente, quanto è, evidentemente, in corrispondenza tenera con l'originale essenza del cuore. Non possiamo negare né la nostra debolezza di fronte a tutti né questa verità; questa verità, che è – dice *Il senso religioso* – la corrispondenza dell'incontro con il Mistero, della proposta della presenza del Mistero col cuore. Il cuore: l'originale essenza dell'uomo che è rapporto con l'Infinito.

[5] Cfr. L. Giussani, *Il senso religioso*, op. cit., pp. 18-20.

2. – Adesso facciamo qualche breve passo di analisi della libertà. Innanzitutto la caratteristica principale della libertà. Qual è la caratteristica principale di quei due uomini, pieni di libertà, che vanno verso l'altra riva?

È che riconoscono l'altra riva. È il riconoscere di appartenere a qualcosa d'Altro. La caratteristica prima della libertà è riconoscere un Altro a cui si appartiene. Pensiamo che questo Altro è il terzo che è là, che si è messo sulla barca anche Lui. Perciò di questo aspetto supremo della libertà – libertà che è riconoscere di appartenere ad un Altro, all'altra riva – il fattore più acuto, più affascinante e nello stesso tempo da capogiro è riconoscere che l'altra riva, l'Altro cui si appartiene, il Mistero, l'Infinito *è con noi*, è sulla stessa barca con noi: è una cosa dell'altro mondo.

Quando Giovanni e Andrea hanno seguito Gesù: «Maestro, dove stai di casa?», si son sentiti rispondere: «Venite a vedere»[6]. Andarono e rimasero con Lui tutto quel giorno. Tornati a casa forse tacevano, ma appena hanno visto un loro compagno, appena Andrea ha visto Pietro gli ha detto: «Abbiamo trovato il Messia!»[7]. Cosa vuol dire «abbiamo trovato il Messia»? È una cosa dell'altro mondo.

C'è una cosa dell'altro mondo dentro la libertà: riconoscere il Dio fatto uomo tra noi. La prima caratteristica della libertà è riconoscere di appartenere a un Altro. Sembrerebbe un paradosso, secondo quanto abbiamo detto prima, ma sarebbe un paradosso contrario alla natura se tu riconoscessi di appartenere a una donna, a un uomo, a un maestro, a un amico, a un padre o a una madre. Allora sarebbe umiliante, eccetto il caso che padre, madre, uomo, donna, compagno siano un segno, cioè abbiano la brevità, la fragilità infinita del segno che il vento può muovere e rimuovere come muove e rimuove la foglia sulla pianta. Si tratta di riconoscere di appartenere a un Altro, all'Altro

---

[6] Cfr. Gv 1, 38-39.
[7] Cfr. Gv 1, 41.

che ti fa, all'Infinito per cui sei fatto, alla Verità per cui sei fatto. «La Verità vi renderà liberi.» La Verità è ciò a cui spinge l'originale essenza del cuore, il riconoscimento di appartenere a Cristo.

Il vertice della libertà si chiama fede. Se la libertà è rapporto con l'Infinito, col Mistero, la cosa più importante della libertà è il riconoscimento del Mistero, del dove il Mistero è; perciò con la barca andarci, lungo la vita camminare verso di esso. Ma questo Mistero è diventato uomo ed è qui con me, è alle mie spalle che mi sorregge e mi guida e qualche volta mi sembra di intravvederlo e gli dico: Tu, aiutami!

Riconoscere che il Mistero è diventato uomo, Tu o Cristo. «Vieni Signore»: questo si chiama fede. La fede è riconoscere una Presenza eccezionale, è riconoscere la Presenza dell'eccezionale, la Presenza dell'infinito tra noi, in carne ed ossa. Riconoscere la Presenza di Cristo, perciò il vertice della libertà è la fede. La verità della vita è la misura di un Altro, ma di un Altro che ci sta a fianco. Questo riconoscimento è la suprema libertà. La gente non è libera, non perché deve servire i padroni, bensì perché manca questo riconoscimento. Invece, gli schiavi cristiani erano liberi!

Il problema non è «l'affermazione di una nostra misura». L'esito veramente umano, la libertà non è l'affermazione di una nostra misura, ma l'affermazione del significato vero della vita che è nell'annuncio: «Il Verbo si è fatto carne». Tale riconoscimento è l'oggetto di quella punta suprema oltre la ragione che si chiama fede. La fede, infatti, è l'intelligenza che supera se stessa e tocca una cosa che da sola non avrebbe toccato.

Dunque, l'aspetto più forte della libertà è il riconoscimento di appartenere, è il riconoscimento di Chi, di Ciò cui apparteniamo, di Chi è il Signore della nostra vita.

«Tutto in me consiste, senza di me non puoi far nulla», dice Gesù. L'aspetto più acuto della libertà è il riconoscimento di Colui cui apparteniamo, un uomo, Cristo, Figlio di Maria.

3. – Se il primo aspetto della libertà è il riconoscimento di una appartenenza e, come sua acuzie, dell'appartenenza a Cristo, il secondo aspetto interessante e decisivo della libertà (sto parlando della libertà dell'uomo, non della libertà del frate o del prete) è il seguire. O il mondo o Cristo. Parlare di seguire oggi può suonare particolarmente ostico e infatti è paradossale, ma comprensibile, che proprio in un'epoca in cui l'uomo si è lasciato indurre a comportamenti sempre più standardizzati, resi anonimi in una massa, proprio in un'epoca del genere, in cui, come diceva Pasolini, tutti sono omologati, uguali, pianificati, si manifesti almeno a parole il bisogno di una vera personalità, il bisogno di non conformarsi ciecamente ma consapevolmente.

A che cosa ci si può conformare consapevolmente, imparando sempre di più, volendo bene sempre di più, con una tenerezza sempre più grande se non a Colui cui apparteniamo, a Te cui appartengo?

Una frase di san Gregorio Nazianzeno dice: «Se non fossi tuo, mio Cristo, mi sentirei creatura finita». Sarei, come dice Péguy, quello che sono tutti, omologati, morti, dove la faccia è tutta rosa da vermi. Un'anima morta. La vita è seguirLo perché Egli è quel terzo che c'è dietro e che dice «di qui, diritto», che mi sorregge e guida. «Se non fossi tuo, mio Cristo», sarei un navigatore finito, sarei un'anima morta.

Un'anima morta è un'anima tutta invasa dal già fatto. Il già fatto, cioè quel che ha sempre fatto lei e che fanno gli altri, la occupa per intero, la ingombra. Un'anima consacrata al già fatto, stretta, legata, condizionata dal già fatto, interamente divorata dal già fatto, tutta rattrappita, tutta mummificata, piena di residuati, piena dei suoi rottami, piena della sua abitudine, dei suoi mali, maleodoranti ricordi, aridi ricordi. Invece il seguirLo capovolge la situazione e il segno di tale capovolgimento è che il presente diventa affascinante, nuovo. Il presente: questo istante è un presente, tra un minuto – pensate – quei due saranno andati avanti, ed è un altro presente, diverso. È tutto diverso. Si sente, quando siamo vivi e ci pensiamo, che siamo diversi ogni momento dall'altro. Non diversi nel senso che siamo altri, ma che diventiamo più noi stessi. È quello a cui richiama san Francesco di Sales in una lettera a un amico gesuita: «Carissimo, la tentazione più grande che il demonio mette nel tuo cuore è di farti credere di essere più utile in qualunque altra parte del mondo fuorché dove ti trovi o che sarebbe più importante fare qualsiasi altra cosa fuorché quello che stai facendo»[8].

Dove ti trovi. Quello che stai facendo. Il presente nella sua nudità, nella sua povertà, nella sua debolezza assoluta, questo diventa grande se diventa espressione di un seguire. Libertà è seguire.

4. – Un'ultima osservazione. Si tratta di una condizione perché il riconoscimento di appartenere e il seguire siano autentici.

Il seguire deve essere un tentativo cordiale di immedesimazione con i motivi profondi di ciò che ti viene proposto. Seguire non è cosa da cani, non è come per i cani, ma è immedesimarsi con i motivi profondi di ciò che viene proposto, con la ragione profonda, con l'evidenza magnifica, con l'intelligenza penetrante di ciò che l'Annuncio porta. Allora ti ritrovi, più te, più libero. Se segui immedesimandoti diventi più "io". Il paradossale è, infatti, che

---

[8] Cfr. San Francesco di Sales, «Lettera 125 (25 settembre 1608)», in *Lettere di amicizia spirituale*, Paoline, Milano 1984, p. 558.

questo riconoscimento della verità, nonostante quello che si è, questo riconoscimento dell'appartenenza o questo seguire nonostante quello che si è – si segue arrancando, strisciando per terra, ma si segue – produce una unità dell'io, una unità della persona. Seguire la compagnia produce l'unità dell'io, l'unità della persona. Si è più se stessi.

***

Abbiamo parlato della libertà come condizione per essere navigatori e non molluschi che marciscono sulla spiaggia.

Per essere navigatori e non meduse che svaniscono nello schifo della spiaggia occorre essere liberi. Abbiamo detto che la libertà – poiché è il riconoscimento del destino, della nostra natura come rapporto col destino, col destino infinito, col destino eterno che è diventato uno fra noi – è il rapporto tra noi e Cristo.

Senza di Te dove possiamo andare? Tu solo hai parole che agganciano e danno consistenza al vivere; senza di Te dove andiamo? La barca dove stanno Andrea e Giovanni senza di Lui dove va?

Ora, vorrei brevemente indicare una seconda condizione perché quei due uomini possano remare fino all'altra riva. Ciò di cui voglio parlare appartiene radicalmente al cuore della libertà, ma non si confonde con la libertà, ne è, per così dire, il primo frutto. La libertà può avere frutti di tosco, che vuol dire frutti amari, quando si ribella, quando diventa una medusa che si sfascia sulla spiaggia. Ma c'è una conseguenza della libertà – la prima conseguenza – in cui essa immediatamente, improvvisamente fa splendere la grandezza della sua natura di rapporto con il Destino.

Questa prima conseguenza, che è come una seconda caratteristica della libertà, è quella che rende l'uomo veramente simile a Dio, che fa riflettere nell'uomo la natura stessa del comportamento di Dio. Infatti, ciò che definisce

Dio di fronte alla creazione è la grazia. Vale a dire: questa cosa, questa montagna, o questa persona, perché c'è? Perché Dio l'ha voluto. Perché l'ha voluto? Perché l'ha voluto. Tutto è grazia, gratuito. Per questo diciamo: «La tua grazia vale più della vita»[9]. È la suprema caratteristica dell'amore, senza la quale l'amore non c'è: è la gratuità. Non c'è nobiltà se non in questa parola.

Nonostante tutto il calcolo che ci può essere dentro quei due che remano, il loro vero e primo calcolo è gratuità. Il vero motore del loro remare è un essere affondati e abbandonati nella gratuità. Perché la gratuità è la caratteristica dell'amore a se stessi, che o è gratuito o non è amore a se stessi. E, più evidentemente, se non è gratuito non è amore all'altro.

Ma io voglio insistere innanzitutto sul fatto che la gratuità è il valore supremo del modo di comportamento di Dio verso la sua creatura.

Questo "gratis", questa gratuità pura, assenza totale di ogni incrinatura di calcolo è il valore del comportamento di Dio verso la sua creatura perché riflette la stessa natura divina, la Trinità. Lo dice un canto: «A te la creazione fa ritorno nell'incessante flusso dell'amore»[10]. La ragione dell'amore è l'amore.

Dunque voglio incominciare ancora con un pezzetto di Péguy:

Come la loro libertà è stata creata a immagine e somiglianza del-
  la mia libertà, dice Dio,
Come la loro libertà è il riflesso della mia libertà,
Così mi piace trovare in loro come una certa gratuità
Che sia come il riflesso della gratuità della mia grazia.

[9] Cfr. Sal 63, 4.
[10] «O Trinità infinita», Inno dei Vespri della domenica, in *Libro delle Ore*, Jaca Book, Milano 1975, pp. 46-47.

Che sia come creata a immagine e somiglianza della gratuità della mia grazia.

Mi piace che in un certo senso essi preghino non solo liberamente ma come gratuitamente.

Mi piace che cadano in ginocchio non solo liberamente ma come gratuitamente.

Mi piace che si diano e che diano il loro cuore e che si rimettano e che portino e che stimino [e che voghino] *non soltanto liberamente ma come gratuitamente.*

Mi piace che amino, infine, dice Dio, non soltanto liberamente ma come gratuitamente.

[Dove questo «come» è acutissimo perché è come un tremore nel paragonare la nostra gratuità alla gratuità del Mistero]

Ora per questo, dice Dio, con i miei francesi sono ben servito.

È un popolo che è venuto al mondo con la mano aperta e il cuore liberale.

Dà, sa dare. È per natura gratuito.

[«Questa è la generazione che ti cerca, cerca il tuo volto, Dio d'Israele.»[11] È la purità assoluta, questa è la gratuità]

Quando dà, non vende, lui, e non presta a breve scadenza e ad alto interesse.

Dà per nulla [...]

[e umanamente parlando è proprio così: chiunque vedrebbe il nostro donarci a Cristo come un donarsi per nulla, come per un nulla, ma tu fai obiezione a te stesso perché ti sembra di darti a niente]

Dà per nulla. Altrimenti è forse un dare?

Ama per nulla. Altrimenti è forse un amare?

[Infatti il contrario della gratuità è il calcolo].

Voglio sottolineare tre cose essenziali della gratuità che devono qualificare il cuore della nostra libertà.

[11] Cfr. Sal 24, 6.

1 – Il primo è una ripresa del primo punto sulla libertà.

L'egoismo, ciò che ha dentro la nube e l'ombra del calcolo, ci lascia a disagio e in nome di questa esperienza di disagio noi ammiriamo e restiamo con la bocca spalancata, con gli occhi spalancati a guardare il puro gratuito. La gratuità nasce dal puro riconoscimento che Tu, o Cristo, sei il Mistero che fa tutte le cose, diventato un uomo, e che sei qui con me alle mie spalle e mi spingi in questo vogare fino all'altra riva. Questo riconoscimento è secondo l'esperienza, mi soddisfa nell'esperienza. E infatti, chi ama di più di chi dà la vita per l'amico? Come dice san Paolo: viene il desiderio di morire, perché si capisce che non c'è niente, non possiamo pensare e sentire e fare niente che sia più grande per poter affermare ciò che riconosciamo.[12] Questo riconoscimento gratuito e puro è come quello che stava negli occhi di Giovanni e Andrea, nel primo capitolo di san Giovanni. Immaginiamo Giovanni e Andrea, come gli vanno dietro e poi timidi entrano in casa sua e stanno là a sentirlo, con la bocca spalancata e gli occhi sgranati. Immaginiamo che riconoscimento gratuito: sentire quell'uomo, vedere quell'uomo e riconoscere quella presenza senza paragone. Dobbiamo essere investiti da questa capacità di ammirazione, di stupore. Posso essere, anzi, sono pieno di difetti e di incoerenze, ma Tu sei il Signore, ti riconosco Signore. La prima dote della gratuità è questo riconoscimento puro, ammirato, stupefatto, in cui la nostra esperienza si adagia come quando uno respira a pieni polmoni, come quando un bambino dà un sospirone dopo aver pianto, dopo essere stato stretto si dilata in un sospiro che sembra non avere confine.

2 – La seconda caratteristica della gratuità è la disponibilità. «*Fiat*, eccomi. Ecco la serva del Signore, avvenga di me secondo la tua parola» come ripetiamo tutti i giorni reci-

---

[12] Cfr. 2 Cor 5, 14-15.

tando l'*Angelus*. Impegnarsi nella disponibilità alla compagnia coincide con il lottare per il proprio cuore e per quello di ogni uomo. La disponibilità coincide con il lottare per il proprio cuore, per il cuore di ogni uomo, perché l'amore al proprio cuore è identico all'amore al cuore della persona che ci passa vicino, pur totalmente estranea, perfino a quello del nemico che alza la sua mano contro di noi. La disponibilità di quei due è la disponibilità, allora, ad andare insieme.

Non è mai disponibilità a Cristo – sarebbe disponibilità a una nostra immagine, a una nostra fantasia – se non è disponibilità a ciò in cui è presente Cristo, a ciò in cui è presente la grande Presenza. La disponibilità è a quella barca e a quei remi, a quell'essere insieme, a quell'andare indomabile verso il porto. "Disponibilità" non è una parola astratta. Disponibilità a Cristo, infatti, cosa vorrebbe dire? Disponibilità alla Sua Presenza è disponibilità a ciò in cui la Sua Presenza si rivela a noi, ci chiama, ci richiama, ci provoca. È disponibilità alla compagnia. Questa disponibilità ha a sua volta una triplice flessione, una triplice caratteristica, una triplice dote.

Innanzitutto, la *totalità*. «Ecco la serva del Signore, avvenga di me [e non solo della mia mano, del mio braccio, della mia testa] secondo la Tua Parola.»

Non è disponibilità se non è per la totalità. «Eccomi», basta.

La seconda flessione caratteristica della disponibilità è la *pazienza nel tempo*. «Il cammino del Signore – termina un nostro libretto[13] – è semplice come quello di Giovanni e Andrea, di Simone e Filippo, che hanno cominciato ad andare dietro a Cristo per curiosità e desiderio.» È un corollario del riconoscimento di quella Presenza così eccezionale. "Curiosità e desiderio" con un latinismo si direbbe *en-*

---

[13] L. Giussani, «Decisione per l'esistenza» in *Alla ricerca del volto umano*, Rizzoli, Milano 1995, pp. 125 sgg.

diade, son come due parole che dicono una cosa sola, cioè un desiderio. «Non c'è altra strada, in fondo – e questa è la frase più potente di tutto quel libro – oltre questa curiosità desiderosa destata dal presentimento del vero.»

Curiosità desiderosa destata dal presentimento del vero. Andar dietro a questa curiosità desiderosa destata dal presentimento del vero è la disponibilità. Il tempo non solo non è obiezione, ma è abbracciato nella totalità della disponibilità stessa. La totalità abbraccia anche il tempo. Guardiamo quel quadro dei due rematori: è tutto un rischio, è fissato un rischio, è fissata una tensione, una curiosità desiderosa destata dal presentimento del vero. Totale disponibilità, lungo tutto il tempo che ci vuole, rischiosamente. Il senso del rischio non implica il dubbio, non implica l'incertezza, ma descrive lo stato d'animo che un uomo nella prova sente. È il brivido che uno sente nel passo pur sicuro e certo perché c'è la grande Presenza. Pensate al brivido del rischio dei navigatori. Disponibilità, dunque, nella totalità che abbraccia il tempo, nella pazienza e nella rischiosità propria della natura del gesto.

Questa disponibilità, se è totale, se abbraccia nella pazienza il tempo, se vive il brivido della rischiosità, fa l'uomo pieno di saggezza e di tenerezza. Chi è disponibile è saggio. Di quella ragazza che ha detto «*Fìat*, sì, eccomi, avvenga di me secondo la Tua parola» non si può immaginare un passo o un gesto che non fosse radicato in una saggezza, che non fosse fioritura di una saggezza. Si è data, è stata saggia, ma è una saggezza non calcolata, che unisce l'intelligenza del vivere e l'intelligenza del destino ad una tenerezza verso quello che si è. Saggezza, tenerezza e disponibilità che vibra, che passa al setaccio tutto e non lascia passare che ciò che è puro.

La caratteristica ultima della disponibilità è una purità assoluta, non come capacità di coerenza, non come abolizione della debolezza, ma che è alla radice – paradossalmente – anche dell'incoerenza, alla radice anche dell'errore. Alla radice della fiacchezza, della debolezza sta una purità che coincide con la gratuità. Se pur sbaglio, non tolgo la gratuità, tant'è vero che dall'errore rimbalzo subito, non ci resisto un secondo. Per questo domani leggeremo, perché abbiate a rileggerla tutti i giorni nel quarto d'ora di silenzio – almeno un quarto d'ora di silenzio vi imporrete tutti i giorni – la preghiera di Grandmaison: «Santa Maria, madre di Dio, conservami un cuore di fanciullo, puro e limpido come acqua di sorgente». Non si possono dire queste cose per la pretesa o la presunzione dell'assenza di errore, ma per una qualifica dell'origine. La purità, la gratuità sono una qualifica dell'origine, della fonte della vita.

3 – Terzo fattore della gratuità. Il primo è il riconoscimento: «curiosità desiderosa destata dal presentimento del vero», il riconoscimento del vero presentito. Il secondo, imponente, è la mossa, il metodo, la vita di questo riconoscimento del "vero presentito" – ecco, questa è l'espressione più chiara. Il movimento di questo "vero presentito" è la disponibilità totale che abbraccia la pazienza lunga del tempo, come dice il Vangelo: «nella vostra pazienza possiederete la vostra vita»[14]. Una vita carica di rischiosità. La rischiosità è quella vibrazione in cui la paura non domina, è la vibrazione che farebbe venir la paura se qualcosa, la Presenza, non la espugnasse. Il rischio farebbe venir paura se qualcosa di presente non le desse un calcio.

Si tratta di una disponibilità che crea l'uomo saggio e tenero: pieno di saggezza, in riferimento al percorso da compiere fino all'altra riva, e pieno di tenerezza, in riferimento al cuore che parte, che cammina e che voga. E, infine, la purità come caratteristica della sorgente: la sorgente della disponibilità è la gratuità. Alla sua sorgente la disponibilità è pura.

[14] Cfr. Lc 21, 19.

Ora vediamo la terza caratteristica della gratuità, quella più profonda, che indica il livello dove la curiosità e il desiderio del vero presentito che diviene disponibilità viene alimentata, dove tutto viene alimentato, sorretto. Che cosa può sorreggere e alimentare Andrea e Giovanni? La domanda continua, anche non espressa, alla grande Presenza che sta dietro. La sicurezza di quella Presenza è segnalata nella domanda. La caratteristica più profonda della gratuità è la *domanda*.

La domanda non ha barriere, non ha obiezione possibile, tutto vince. Andate a leggere l'undicesimo capitolo di san Luca, versetti 1-11; e Luca 18,1-8. Leggiamo quest'ultimo: «Disse loro una parabola sulla necessità di pregare sempre senza stancarsi [la gratuità non si stanca mai]. C'era in una città un giudice che non temeva Dio e che non aveva riguardo per nessuno. In quella città c'era anche una vedova che andava da lui e gli diceva: "Fammi giustizia contro il mio avversario". Per un certo tempo egli non volle, ma poi disse tra sé: "Anche se non temo Dio e non ho rispetto per nessuno, poiché questa vedova è così molesta, le farò giustizia perché non venga continuamente a seccarmi". E il Signore soggiunse: "Avete udito ciò che dice il giudice disonesto? E Dio non risponderà ai suoi eletti che gridano giorno e notte verso di Lui e li farà a lungo [troppo a lungo per loro] aspettare? Vi dico che farà loro giustizia prontamente. Ma il Figlio dell'Uomo, quando verrà, troverà la fede sulla terra?"». Ma il Figlio dell'Uomo quando entrerà sulla tua barca e dirà: «Andiamo», troverà fede in te?

Il lungo salmo 31, verso la fine (v 23), dice: «Io dicevo nel mio sgomento: "Sono escluso dalla Tua Presenza" [che è come dire: "non ce la faccio, anche se capisco che queste cose sono vere"]. Tu invece hai ascoltato la mia voce quando a te ho gridato aiuto». La domanda è il fondo della gratuità. Se la purità è la trasparenza del flusso della sorgente, la domanda è la potenza di questo flusso, irresistibile. Perciò siamo inescusabili, nessuno al quale sia stato destato il presentimento del vero può osare dire: «Sono escluso dalla tua Presenza». Ma quando verrà il Figlio dell'Uomo troverà fede sulla tua barca, troverà fede nella tua compagnia?

Diceva Dio nel brano di Péguy: «Colui che non s'abbandona non mi piace, lavora come mio schiavo, come un imbecille». Viene in Chiesa, prega, viene ai raduni, lavora come uno schiavo, come un imbecille, ma «colui che non s'abbandona non mi piace».

Invece, come dice Péguy altrove: «Quale cristiana umiliazione, quale umiliazione di santo: chi ama, viene a dipendere tutto da chi è amato [dal vero presentito]; quale nobile umiltà, non comanda, domanda. Tende, spera, riprende dolcemente [che non è il contrario di fortemente] prega. Quale umiltà tutta vestita di nobiltà». Per questo, insieme alla preghiera di Grandmaison, vorrei che si rendesse normale, nel quarto d'ora di silenzio, leggere la preghiera di sant'Anselmo d'Aosta, uno dei più grandi teologi e filosofi in mille anni di storia dell'umanità occidentale: «Ti prego, Signore, fa' ch'io gusti attraverso l'amore quello che gusto attraverso la conoscenza [o che non gusto ancora attraverso la conoscenza]. Fammi sentire attraverso l'affetto ciò che sento [il presentimento] attraverso l'intelletto. Tutto ciò che è tuo per condizione [per natura] fa che sia tuo [che io lo riconosca tuo] per amore [contento che sia tuo]. Attirami tutto [totalità] al tuo Amore. Fai tu, o Cristo, quello che il mio cuore non può. Tu che mi fai chiedere, concedi!».

Tu che mi fai chiedere, concedi! Trovatemi un'umanità possibile come questa! Ma la preghiera di sant'Anselmo rende esplicita la frase di Péguy: «Quale cristiana umiliazione, quale umiliazione di santo: chi ama, viene a dipendere da chi è amato». È umile chi ama di fronte al vero amato, di fronte all'amato. Questa è la suprema dote della gratuità; si confondono, non c'è possibilità di separarli – gratuità, cioè amore. Amare vuol dire affermare l'altro come se stessi. Tu sei me, dice san Paolo: «Vivo non io, sei Tu che vivi in me»[15]. Tu sei me, altrimenti cosa sarei io, dimmi, cosa sarei? Niente. L'Altro, cioè il vero, è me stesso. La gratuità quindi si confonde con la parola amore.

Ma non ho detto a caso, non colloco a caso la parola che esplicita tutta la grandezza divina della parola "Grazia" o gratuità. Non l'ho messa per ultima se non perché essa, l'amore, costringe a vedere dentro di sé, proprio dentro il proprio petto – come cuore – una cosa che si chiama sacrificio. Tutto il vigore, la fatica di quei due, è il cuore dell'amore. «Nessuno ama il proprio amico se non colui che dà la vita per il proprio amico»[16]: parola di Cristo detta poche ore prima che la lancia gli trapassasse il cuore.

La parola gratuità è paradisiaca, è l'oceano, è l'oceano sterminato della divinità, è il cielo puro, senza ombra. Sta all'origine di tutto. Questo deve essere penetrato da noi, questo deve penetrare in noi perché siamo fatti a immagine e somiglianza di Dio, Grazia. Ma questo ultimo sinonimo in cui la parola Grazia nella storia umana fluisce (perché nella storia umana la gratuità fluisce dentro la parola amore) reca dentro di sé una piaga, reca dentro di sé un distacco, reca dentro di sé il sacrificio. E qui sta lo svelarsi, in questo aprirsi del cuore per la lancia del sacrificio, del dolore, sta il dimostrarsi di tutto il vigore di gratuità, l'estremo vigore con cui il potere del Mistero ha creato l'universo. L'amore è l'estrema gratuità con cui il Mistero diventato uomo è morto in croce per te, per me, per ogni uomo che c'è in questo mondo, ieri, oggi, domani.

Che noi da tutto questo impariamo ad amare come amiamo noi stessi.

[15] Cfr. Gal 2, 20.
[16] Cfr. Gv 15, 13.

Appendice
TRE FILM

13.

L'IMPETO DELLA VITA[1]
Sul film *Ordet* di C.T. Dreyer

Dice il profeta Amos: «Oracolo del Signore Iddio: ecco, stanno per venire dei giorni nei quali manderò la mia fame sopra la terra: non fame di pane, non sete d'acqua, ma fame e sete di udire la parola di Dio. Ed essi andranno errando da un mare all'altro e dal Settentrione all'Oriente; ed andranno qua e là cercando la parola di Dio, e non la troveranno. In quei giorni saranno sfiniti per la sete le fanciulle e i giovani»[2].

Che cos'è questo desiderio che sfinisce? È il desiderio della vita.

Qual è la promessa che è contenuto della parola di Dio? La promessa della vita. Che cos'è Dio? La vita. Questa è la gloria di Dio: la vita dell'uomo. È la vita ciò che tutti gli uomini cercano. E, infatti, anche quella accettazione inconsapevole, quel lasciarsi schiacciare dalle cose che arrivano, che accadono, abbracciandole, è segno dell'essere incollati alla vita. Un uomo *accetta* perché è incollato alla vita, perché è fatto desiderio di vita. Il desiderio di vita non è un accidente in chiave, non è un aggettivo della nostra persona; l'esigenza della vita è l'essenza della nostra persona.

Per questo è prezioso il messaggio cristiano; al di fuori di esso, tutto è oscuro e cieco, non c'è nessuna spiegazione, c'è il nulla.

Il messaggio cristiano è un messaggio di vita: «Io sono la

[1] Commento tenuto a un raduno di Esercizi spirituali dei *Memores Domini* nell'agosto 1992.
[2] Cfr. Am 8, 11-13.

via, la verità e la vita». Il cristianesimo ha percorso, come un grande brivido, una certa parte dell'umanità – quella a cui è arrivato – e ha lasciato in essa una spasmodica esigenza di difendere questo attaccamento, un profondo anelito a battagliare, a sterminare tutto ciò che è contro la vita.

Anche adesso, che è un momento in cui l'umanità tocca il fondo della sua ottusità, tanto è vero che si favoriscono gli aborti, però si è spasmodici nel difendere la facilità e la pienezza della vita di chi vive. È una scelta e un attacco a tutto ciò che in qualche modo sembri diminuire la facilità e la bellezza del vivere per chi vive: perciò si ammazzano gli indifesi, si ammazza la poveraglia, si mandano allo sbaraglio i poveri per difendere l'economia occidentale.

Il desiderio della vita è la natura dell'uomo. L'esigenza della vita è la natura dell'uomo, come chiunque abbia meditato sul serio *Il senso religioso* può ben ripetere.

Il film *Ordet* ha come tema l'esigenza di vita. Anche il film *Dies Irae*[3], ultimamente, ha lo stesso tema: desiderio di felicità e desiderio di vita, come è espresso nell'ultima immagine: «I miei occhi sono pieni di lacrime e nessuno me le asciuga». È la frase della condannata a morte alla quale, per una presunta ortodossia religiosa, viene sottratta la vita. Ma lì non è detta la parola «vita», essa è piuttosto descritta nei suoi sentimenti più imponenti, come l'esigenza dell'amore, della contentezza, della affermazione e della felicità.

In *Ordet* tutto viene richiamato a uno sguardo essenziale: l'uomo è desiderio di vita.

Non posso dettagliare le mie affermazioni come vorrei, però di quello che dico sono persuaso. Il tema di questo film è l'affermazione dell'uomo come desiderio di vita.

Il protagonista è un protestante tradizionale che del protestantesimo tradizionale ha tutte le caratteristiche: non ha nessuna particolare emozione religiosa, però ha

---

[3] Vedi il commento seguente.

ereditato questo sentimento, questo desiderio, questa esigenza, questa affermazione della vita come conferma della natura del proprio cuore d'uomo. In lui si vede la natura del cuore dell'uomo, molto più che l'apporto della tradizione protestante alla sua conferma, o alla sua affermazione.

Se si tiene presente la parola «vita», ci si spiega tutte le figure e tutte le mosse dei personaggi, tutti i legami d'intreccio del film. Tutte le figure desiderano infatti la vita.

Il vecchio ha tre figli. Il più giovane vuole sposare la figlia del suo avversario religioso. Qui la religione c'entra per le beghe, non c'entra come valore. Il suo avversario religioso è il sarto del paese. È avversario religioso perché ha fatto una specie di riforma per vivere più sul serio la vita religiosa ed è diventato un moralista accanito. Tra i due c'è lotta. Il figlio del primo vuole sposare la figlia del secondo? Non sia mai! Gli viene negato ogni permesso. Intanto è come se la vita fosse ferma; la vita, che nel giovane viene documentata come desiderio di far famiglia con la ragazza di cui si è innamorato, resta ferma. Non si può togliere questo desiderio della vita; l'affermazione della vita resta ferma, come aspettando inconsciamente il momento più opportuno.

A difesa del desiderio del ragazzo è la seconda figura importante del film, la cognata del ragazzo. È la figura più delicata, è il desiderio di vita nella sua espressione più naturale, più semplice, più equilibrata; dovunque si trovi, lei è sorgente di vita, di serenità, di respiro, di letizia, di perdono; cerca di comporre tutti i dissidi. È importante che viviamo con sollievo: è così importante la vita! Suo marito, il figlio maggiore del protagonista, è l'ateo, è l'incarnazione dell'ateismo, duro e assoluto: non crede niente, non si fa spiegare niente, ma adora sua moglie. È ateo assoluto, ma adora sua moglie.

A un certo punto la trama del film – che si svolge lentamente, come le condizioni normali di convivenza – ha un soprassalto. Il ragazzo che vuole sposarsi va dal sarto – il nemico ideologico del padre – a domandare la mano della figlia; vuole assicurarsi tutti i fattori del gioco per imporsi al padre che gli aveva già detto di no. «Che cosa? Io dare mia figlia al figlio di un peccatore come tuo padre?», gli dice il sarto. Perciò, per purismo ideologico, anche lui gli dice di no.

«Che cosa? Ti ha detto di no?», dice il padre. Prende su e va per fargli dire di sì. Vale a dire: lui, che è il più noto e ricco del paese, si sente profondamente offeso dal fatto che l'altro non voglia dare la mano della figlia a suo figlio. Cambia improvvisamente posizione e trascina il figlio dal sarto per ottenere quello che vuole ottenere.

Il sarto gli dice: «Tu sei un eretico, tu sei contro l'ortodossia protestante e, perciò, non posso dare mia figlia a tuo figlio». Il vecchio, di fronte al no aperto, si imbestialisce e c'è un dialogo interessante in cui emerge la dualità del tipo protestante. Il vecchio era tradizionalista (la religione tradizionale protestante non incideva affatto sulla vita), mentre il sarto aveva fatto una riforma per rendere viva la fede tradizionale e, perciò, raccoglieva in casa sua gente: cantava, pregava, proclamava e sosteneva un impegno morale rigido. Ma il vecchio gli obietta: «Tu hai un concetto di religione cupo, senza letizia; noi invece siamo per una religione lieta, serena». Il vecchio, infatti, che viveva una religione tradizionale e faceva le cose che doveva fare, era pieno di umanità. E, infatti, il no del sarto ha stappato – per così dire – tutto il buon vino della sua umanità; il suo no non era molto profondo, era reattivo, iroso; mentre quell'altro era più cattivo, perché giudicava. Il vecchio era andato addirittura a parlare, lui il ricco del paese, a casa del sarto per avere il suo permesso allo sposalizio; perciò era buono, era un burbero, ma benefico. L'altro era un moralista perfetto, pieno di emozione religiosa, ma duro, corto e intransigente.

La nuora del vecchio deve partorire e, mentre è nelle doglie del parto, al di fuori di ogni aspettativa e presentimento, sta per morire. Il vecchio, che è ancora dal sarto, corre a casa. Quest'uomo, che non ha nessun profondo pensiero, che è un uomo qualsiasi per cui la religione era puramente tradizione, accetta, subisce quel che accade; subisce e accetta con un dolore che lo travolge, ma ritto, continuando i suoi doveri. E primo fra tutti i doveri, quello verso il secondo figlio. Questi, andando alla scuola di Kierkegaard, era diventato un fissato religioso, un fissato del cristianesimo alla Kierkegaard. Secondo quell'insegnamento, Cristo è fonte della vita ed è solo perché non si ha fede che si muore. Se si avesse fede non si morirebbe, poiché solo la fede compie il miracolo della risurrezione dei morti. Questo è il succo di tutto il discorso che Johannes, così si chiama il giovane, continua a ripetere camminando, come un fantasma, nella casa e fuori casa.

Ci sono scene bellissime, come quando lui una mattina fugge dalla casa e il padre, appena se ne accorge, lo rincorre, percorre chilometri di campo gridando: «Johannes, Johannes!».

Mentre tutto si ferma con la donna morta, col dolore pazzesco del marito ateo, che dunque non ha nessuna sponda, soltanto la bambina, figlia della donna morta, è l'unica persona che ascolta con attenzione Johannes e crede (perché è piccola) in quel che dice. E gli chiede di far riavere la vita a sua madre. Allora, mentre gli altri non possono credere a una cosa del genere – la sfida era lanciata soprattutto al marito della donna morta –, Johannes, trovando finalmente una persona sulla cui fede può poggiarsi, risveglia la donna morta, la fa ritornare in vita. Evidentemente, non è affermata la risurrezione come avvenimento, ma come una fuga in un ideale senza tempo e senza spazio. E allora si vede il marito che si accorge che la moglie si muove, l'abbraccia. E lei, la prima domanda che gli fa è: «Che ne è del bambino?». Lui, per dirle che è spirato, le risponde: «Vive. Vive presso Dio». Che bello questo punto! La donna non dice: «Oddio, vive presso Dio, allora...», ma quello che la impressiona di più è che il marito, ateo, abbia detto «Dio» e, perciò, è tutta felice perché il marito ateo ha detto «presso Dio».

Il film si ferma su questa soglia di sogno in cui si svaga e si riassorbe tutto il desiderio umano come impeto di vita, come aspettativa della vita. Una soglia che, in fondo, è l'espressione della fede, della fede non come la intendiamo noi, ma della fede nel fatto che l'originale gesto con cui il Mistero creatore fa l'uomo, si compirà; non si sa come, ma si compirà.

14.

LA TRAGEDIA DEL MORALISMO
Sul film *Dies Irae* di C.T. Dreyer

La drammaticità che introduce nella vita il senso religioso, così come la vediamo documentata in *Dio ha bisogno degli uomini*[1] diventa tragedia per l'uomo pensoso, capace di riflettere su di sé veramente: questo è il messaggio amaro, tremendo, grandioso di questo film.

Potenza artistica di dizione, di comunicazione di questo film. Un film che comincia come silenzio, le prime battute colme di silenzio segnano il tono dominante di tutto il film. Tutte le parole del film si potrebbero riassumere in tre o quattro pagine di quaderno. Eppure non c'è film che più di questo parli con bordate potenti al cuore.

Le prime sequenze colme di silenzio sono rotte da una frase della strega: «Grande è la potenza del male»: è il titolo reale del film. Grande è la potenza del male che si insinua nella illusione cui è proclive il cuore del singolo, che penetra dentro il tenore normale della folla immediatamente pronta alla violenza contro ciò che non corrisponde alla propria immagine ideale: la strega, appunto. Ma che si insinua e domina anche nel cuore della grande figura del pastore protestante: il protagonista del film, il detentore, il proclamatore e l'amatore della legge. Del resto, tutto questo non gli ha impedito di sceglersi come sposa, già anziano, una giovanissima ragazza; non ha tenuto in considerazione il capestro che le metteva, il destino soffocante cui la costringeva e il prezzo di questa scelta, vale a dire l'eccezione alla regola. Infatti, avrebbe dovuto condannare, secondo le sue regole, la madre di questa ragazza che

[1] Vedi il commento seguente.

era una strega, ma non la condanna contravvenendo alla sua coscienza. Grande è la potenza del male, che perturba dapprima e corrompe la freschezza giovanile della giovane moglie, che investe la volontà e i sensi del figlio del pastore. Anche la moglie dimostrerà di possedere lo spirito malefico della strega sua madre. La giovane moglie del pastore, piena di vitalità, angustiata e imprigionata da quel rapporto, cercherà di liberarsi con il figlio. Però è nel sangue il male, ha ereditato dalla madre il potere magico della stregoneria.

La donna che si vede al principio è un'amica della madre, e al contrario di quella sarà condannata al rogo, e dice al pastore: «La mia amica non l'avete condannata; come hai fatto eccezione per lei, così falla per me».

Grande è la potenza del male: e infatti il desiderio della giovane moglie, carico di questo potere strano, farà morire il pastore.

Che cosa può un uomo di fronte a questa potenza del male? Ecco, allora, il vero significato del film: la drammaticità del senso religioso diventa tragedia nell'uomo pensoso. Il soggetto di questo messaggio, il personaggio che mostra questa tragedia è l'incarnazione del protestantesimo: l'interpretazione più profonda che la coscienza umana abbia dato del senso religioso è senza dubbio l'interpretazione protestante.

Contro il male l'uomo non può fare nulla. Può irarsi fino a reagire con violenza (bruciare la strega), ma non può niente. E l'umiliazione che porta nel cuore per tutta la vita il pastore protestante, in fondo consapevole dell'errore cui ha aderito e cui aderisce, nonostante le parole e il suo ruolo pieno di dignità, di guida del popolo, è una dimostrazione di questa impossibilità dell'uomo a resistere al male. È una documentazione di quello che la tradizione della Chiesa chiama «peccato originale», questa sorgente amara e ambigua che sta alla radice di ogni nostra azione, alla radice di ogni vita.

Però Cristo è venuto per questo male, Dio è venuto a liberarci da questo male. Come? Secondo la visione protestante, ponendo la speranza nell'aldilà, in una realtà senza connessione con il presente, senza rapporto con il presente, come incombenza astratta, come nuvole sulle cose umane. Ecco, questo è l'unico sollievo che può venire all'uomo pensoso che scopre in sé la tragedia del male: la speranza nell'aldilà, nell'aldilà dove c'è la misericordia. La strega, poco prima di essere condannata al rogo, si rivolge al pastore e dice: «Liberami, come hai liberato la madre di tua moglie!». E il pastore le ripete: «Coraggio, tra poco sarai libera», cioè dopo il fuoco, nell'aldilà. «Ma è nell'aldiqua che io voglio vivere!» dice la strega, giustamente, umanamente. Ma non ottiene risposta.

Il culmine del film è l'ultima sequenza, quando, dopo la morte improvvisa del pastore, sua madre, l'arcigna custode del giusto, accusa, durante il funerale, davanti al popolo, come causa della morte del figlio, la nuora. L'accusa di essere una strega come sua madre. E la parola conclusiva, l'ultima del film, è l'espressione del viso della giovane moglie del pastore che, con gli occhi pieni di lacrime, dice: «I miei occhi sono pieni di lacrime e nessuno me le asciuga». Così è spiegata la contraddizione con l'episodio del film in cui lei piange nel vedere la morte della strega sul rogo e il figlio del pastore accorre da lei e, vedendola tra le lacrime, le dice: «Io te le asciugo». La sostanza della vita non è così: quella è solo una breve compagnia illusoria. Il senso della vita come emerge in questo film è più esatto nell'ultima espressione: «I miei occhi sono pieni di lacrime e nessuno me le asciuga».

Un cristianesimo, dunque, che incombe sulla vita moralisticamente, perché indica solo l'aldilà. Si ha così una proclamazione della legge che fa venire a galla più chiaro, potente, il senso del peccato, la coscienza del male che è in noi, il senso dell'ambiguità, dell'impostura, della menzogna che è in noi. Perché senza legge, come dice anche san Paolo, l'uomo si accorgerebbe di meno di questa impostura che è in lui. Un cristianesimo così incombe su questo mondo, grava soltanto come comunicazione di leggi morali, che esaltano il senso del male, ma per cui non c'è nessun rimedio.

Il rimedio sta in un aldilà che alla nostra vita quotidiana, alla nostra aspirazione e al nostro dolore quotidiano non ha nulla da dire. È solo una proposta di fuga. Tu, strega che stai per essere bruciata, pensa all'aldilà.

15.

LA CONCRETEZZA DEL SENSO RELIGIOSO
Sul film *Dio ha bisogno degli uomini* di J. Delannoy

Il messaggio del film è un messaggio sul senso religioso nella sua formulazione originale, nella sua intuizione primitiva, nel suo valore primordiale, anche se il film, che è di un regista non cattolico, esprime una intelligenza del genio cattolico raramente reperibile, perché è una versione del senso religioso vissuto in una esperienza di cattolicesimo tradizionale come quello dei pescatori dell'isola su cui si svolge tutto il dramma. Però il messaggio del film non è su questo aspetto, sulla versione cattolica della vicenda, ma sul cuore originale della vicenda che accomuna in questo tutte le versioni del senso religioso in qualunque uomo.

Ecco le tre categorie, i tre fattori portanti di tutto lo sviluppo:
1. Il senso religioso come senso originale di una dipendenza ineluttabile, inestirpabile, ineludibile, in qualunque situazione o caso. Gli abitanti dell'isola, luogo inospitale, per sfamarsi usano anche sistemi delittuosi: fanno affondare le navi per raccoglierne i relitti e i contenuti ma, anche dentro questa perenne situazione di delitto, il loro senso religioso "passa attraverso", è ineludibile.

Il figlio psichicamente fragile di una donna matta, esasperato dal fatto che la madre dà via tutto quello che ha, a un certo punto la uccide. Il terrore, il rimorso che vuole in qualunque modo esplicitare, sfogare o comunque il rimorso che egli ha, è il senso religioso che passa "attraverso"; non passa mai indenne il senso religioso, porta sempre un giudizio, magari un giudizio di condanna o un giudizio di rimorso, però passa anche attraverso queste cose. Un animo originale, primitivo come quello di questa gente, non riesce ad abbandonarsi, oltre un certo limite, alla giustificazione teorica di quello che fa, a piegare questo senso ultimo di dipendenza al proprio tornaconto e interesse, a giustificare il proprio interesse con l'ideologia. Così la tempesta che accompagna e quasi commenta il delitto, quell'uragano ha come *pendant* la scena nella canonica abbandonata: il sacrestano che fa le veci del prete assente da tempo, steso sul letto con l'assassino di sua madre che non vuol dormire da solo perché ha terrore. Il sacrestano gli dice parole di assoluzione senza osare appropriarsi del Sacramento della Confessione che l'altro invece esige. E, allo stesso modo, l'uragano che squassa e deturpa tutta la chiesina del villaggio fa da *pendant* al bacile dell'acqua santa che non c'è più, perché non c'è più il prete, andato via perché insofferente del delitto continuo, come per punire quegli abitanti. Il sacrestano entra nella chiesa a guardare tutto ciò che l'uragano aveva provocato. La pioggia della notte aveva lentamente, scendendo goccia a goccia, riempito il bacile dell'acqua santa, l'acqua di Dio.

Questi sono i poli opposti dello stesso sentimento, che ne confermano la stabilità assoluta.

2. Questo sentimento di originale dipendenza, questo senso religioso inevitabile e inestirpabile, ha bisogno, per natura dell'uomo, di un'espressione fisica, di un appoggio fisico, ha bisogno – si direbbe in termini cristiani – di un segno. Via il prete per castigo, la gente non si sente più a posto, non sta più quieta. Gli isolani continuano a fare i loro delitti, ma sono esasperati dal fatto che manca l'espressione sintetica di questa carnalità della religione, del senso religioso: il prete, lo strumento, perciò la Messa, i riti. In questo senso, non è tanto un'accentuazione sul cattolicesi-

mo, ma sul senso originale dell'esperienza religiosa. E, allora, tutto il popolo vuole che il sacrestano, che è il tipo più intelligente tra di loro, prenda il posto del prete: «Sai anche leggere, perciò tu fai il prete, siamo noi che ti vogliamo». In lui, che rappresenta il genio di tutto il popolo, il popolo si riconosce, l'unità di tutti è in lui: divisi tra di loro, in lui si sentono uniti, perché nel genio l'uomo si sente unito a tutti gli altri. E lui, che è il genio del senso religioso tra quella gente, capisce che non può arrogarsi il diritto di essere segno, perché l'essere fatto segno deve venire da Dio, lo strumento è Dio che ce lo deve dare. E, allora, si vede tutta la drammaticità grandiosa di questa lotta nell'animo di questo uomo che vuole aiutare il suo popolo, ma si sente bloccato dal fatto che non può, sarebbe un sacrilegio, lui lo capisce. Come mostra quella scena "enorme" della donna incinta che deve andare a partorire sul continente. Il sacrestano la porta sulla barca e lei ha le doglie durante il tragitto e vuole a tutti i costi che lui la confessi, la perdoni, perché si sente morire. Il bisogno di un appoggio fisico, questa è l'esigenza strutturale della natura dell'uomo di fronte al sentimento supremo e originale del senso religioso.

3. È così forte questo bisogno, questa intuizione del fatto che il rapporto tra Dio e l'uomo esige una struttura anche carnale, che il punto più bello del film si ha quando il sacrestano predicando dal pulpito dice: «Et homo factus est»: si è fatto uomo, perciò ha bisogno di noi, Dio ha bisogno dell'uomo, perché Dio ha concepito l'uomo così da averne bisogno: è un inno profondo e discreto all'umanità di Dio.

È Dio che si è reso bisognoso delle nostre braccia e del nostro contributo. È talmente vivo questo, nonostante tutto il risentimento, l'inettitudine della Chiesa – vale a dire dello strumento obiettivamente voluto da Dio, dato dall'alto –, nonostante l'inettitudine a svolgere in modo umano il suo compito, nonostante l'incomprensione, il clericalismo, l'incapacità di perdono, la durezza, il formalismo; insomma, è talmente vivo questo incontro tra Dio e gli uomini, che tutto questo non fa ostacolo.

Infatti, alla fine del film, quando il sacrestano, dopo aver seppellito nel mare il ragazzo assassino che si era ammazzato per paura dei gendarmi, grida: «E adesso tutti a Messa», tutti vanno a Messa, nonostante il prete fosse ritornato su quell'isola con i gendarmi a protezione.

Il risentimento non va oltre un certo limite, perché l'impeto del senso religioso è più forte, attraversa anche l'obiezione all'inettitudine e alla inadeguatezza delle forme ufficiali, ma obiettivamente volute da Dio.

SOMMARIO

BUR
Periodico settimanale: 29 maggio 1996
Direttore responsabile: Evaldo Violo
Registr. Trib. di Milano n. 68 del 1°-3-74
Spedizione abbonamento postale TR edit.
Aut. n. 51804 del 30-7-46 della Direzione PP.TT. di Milano
Finito di stampare nel maggio 1996 presso
il Nuovo Istituto Italiano d'Arti Grafiche - Bergamo
Printed in Italy

ISBN 88-17-11134-1